Susanne Fricke und Iver Hand

Zwangsstörungen verstehen und bewältigen

Hilfe zur Selbsthilfe

Susanne Fricke und Iver Hand

Zwangsstörungen verstehen und bewältigen

Hilfe zur Selbsthilfe

BALANCE ratgeber

Susanne Fricke, Iver Hand:
Zwangsstörungen verstehen und bewältigen
5. Auflage 2011
ISBN-Print: 978-3-86739-001-9
ISBN-PDF: 978-3-86739-700-1
ISBN-ePub: 978-3-86739-800-8

Bibliografische Information der Deutschen Bibliothek
Die Deutsche Bibliothek verzeichnet diese Publikation in der Deutschen Nationalbibliografie; detaillierte bibliografische Daten sind im Internet über http://dnb.ddb.de abrufbar.

Der Balance buch + medien verlag ist
ein Imprint der Psychiatrie-Verlag GmbH, Bonn.

Originalausgabe: Psychiatrie-Verlag, Bonn 2004
Umschlagkonzeption: p.o.l. kommunikation design, Köln
unter Verwendung eines Fotos von artbox / www.photocase.de
Illustrationen: Claus Ast, Nierstein
Typografie und Satz: Iga Bielejec, Nierstein
Gesetzt in der Sabon in den Farbtönen HKS 40 und HKS 90
Druck und Bindung: Kösel, Krugzell (www.koeselbuch.de)
Zum Schutz von Umwelt und Ressourcen wurde für dieses Buch FSC-zertifiziertes Papier verwendet:

FSC
Mix
Produktgruppe aus vorbildlich bewirtschafteten Wäldern und anderen kontrollierten Herkünften
www.fsc.org Zert.-Nr. GFA-COC-001298
© 1996 Forest Stewardship Council

Einleitung 7

1 **Was ist eine Zwangsstörung?** 9
1.1 Wann spricht man von einer Zwangsstörung? 10
1.2 Welche Zwänge gibt es? 15
1.3 Wie kann man Zwangssymptome von normalem Verhalten unterscheiden? 33
1.4 Zwang, Magie und Religion 35
1.5 Wie kann man Zwänge von ähnlichen Krankheiten unterscheiden? 37
1.6 Noch mal das Wesentliche! 41

2 **Wie entstehen Zwangsstörungen und was hält sie am Leben?** 43
2.1 Wie entstehen Zwangsstörungen? 44
2.2 Wie bleiben Zwangsstörungen am Leben? 62
2.3 Was hilft, dem Zwang Widerstand entgegenzusetzen? 71
2.4 Noch mal das Wesentliche! 74

3 **Werden Sie Ihr eigener Therapeut!** 75
3.1 Feinanalyse: Zwänge unter der Lupe 76
3.2 Festlegen der Therapieziele 87
3.3 Start 93
3.4 Häufige Fragen und Schwierigkeiten und wie man damit umgeht 108
3.5 Noch mal das Wesentliche! 116

4 **Partner und Familie einbeziehen** 117
4.1 Zwänge als hartnäckige Mitbewohner 118
4.2 Wie Sie Ihre Schutzbausteine »Familie« und »Freunde« aktivieren können 127
4.3 Was Familie und Freunde tun können 128

5 **Wenn man weitere Unterstützung braucht** 131
5.1 Deutsche Gesellschaft Zwangserkrankungen 131
5.2 Brainy – Unterstützung durch den Computer 132
5.3 Selbsthilfegruppen 132
5.4 Psychotherapie 133
5.5 Medikamentöse Behandlung 135

6 **Ein paar Worte zum Schluss** 138
Adressen 139
Literatur 140

Liebe Leserin, lieber Leser,

lange Jahre galten Zwangserkrankungen als seltene Erkrankung, für die man keine wirksamen Behandlungsmöglichkeiten kannte. Beides stimmt heute nicht (mehr), wie viele Untersuchungen gezeigt haben. Zwangserkrankungen sind nicht selten, etwa 2 bis 3 % der Menschen haben eine – nicht ihr ganzes Leben lang, aber über viele Jahre. In einem kleinen Dorf mit 1000 Einwohnern wären das schon 20 bis 30 Personen, in einer Millionenstadt etwa 20 000 bis 30 000 Menschen. Mittlerweile gibt es auch gute Behandlungsmöglichkeiten: psychotherapeutische, in erster Linie die Verhaltenstherapie, und medikamentöse.

Durch Aufklärungsarbeit, vor allem auch der Deutschen Gesellschaft Zwangserkrankungen, die Sie später noch kennen lernen werden, wissen viel mehr Menschen als früher, dass Zwänge eine Krankheit sind, gegen die man etwas unternehmen kann. Auch die Ausbildung von Psychologen und Ärzten im Bereich der Zwangserkrankungen hat sich deutlich verbessert.

Mit dem vorliegenden Buch möchten wir dazu beitragen, das Wissen über und die Behandlungsmöglichkeiten von Zwängen weiterzuverbreiten. Das Buch richtet sich vor allem an Betroffene, die wissen wollen, ob sie eine Zwangserkrankung haben und, wenn ja, was sie selbst dagegen machen können (Stichwort: Werden Sie Ihr eigener Therapeut!). Aber auch für Angehörige kann es zum Verständnis der Krankheit beitragen und den Umgang mit dem betroffenen Familienmitglied entsprechend erleichtern.

Das Buch ist vor allem als Hilfe zur Selbsthilfe gedacht. Sie können viele Techniken lernen, die die Verhaltenstherapie entwickelt hat. Wenn Sie merken, dass die Hilfe zur Selbsthilfe nicht ausreicht, so finden Sie in diesem Buch auch Informationen über weitere Behandlungsmöglichkeiten. Das, was Sie mit Hilfe dieses Buches gelernt und ausprobiert haben, kann in einer späteren Therapie für Sie und Ihren Therapeuten sehr hilfreich sein.

Das erfahren Sie in diesem Buch:

- Was sind Zwangserkrankungen?
- Wie entstehen sie? Was hält sie am Leben?
- Wie kann man sich selbst helfen?
- Wie kann ich Familie und Freunde einbeziehen?
- Wo kann man Hilfe finden, wenn die Selbsthilfe nicht ausreicht?

Wir hoffen, dass Sie durch das Lesen dieses Buches nützliche Informationen und gute Anregungen bekommen, und wünschen Ihnen viel Erfolg beim Abbau Ihrer Zwänge und – vor allem – bei der Wiederherstellung eines aktiven Lebens mit Freude und Freunden!

Susanne Fricke und Iver Hand

Sie kennen sicher die Situation, dass Sie an einem Tag aus dem Haus gegangen sind und überlegen mussten: Habe ich die Tür abgeschlossen oder nicht? Eigentlich wissen Sie ganz genau, dass Sie abgeschlossen haben, aber zur Sicherheit kehren Sie noch einmal um und kontrollieren. Oder gehören Sie vielleicht zu den Leuten, die es gern sehr sauber haben? Bei denen man fast vom Fußboden essen kann, bei denen es immer aufgeräumt ist? Pingelig finden das manche Freunde. Andere beneiden Sie darum. Und kennen Sie nicht auch mindestens einen Menschen, der schlecht Dinge wegwerfen kann? Eine frühere Nachbarin zum Beispiel hatte fünf komplette Service. Sie benutzte immer ein Alltagsgeschirr und das gute weiße mit den zarten blauen Blumen nur, wenn Besuch kam. Der Schrank war voll bis oben hin mit Geschirr, das hässliche gelbe hatte sie ganz nach hinten gestellt. Aber wegschmeißen?! Nein, lieber nicht. Sie selbst sagte von sich: »Ich kann mich schwer von Sachen trennen.« Und wer hat nicht zumindest ein bisschen ein mulmiges Gefühl, wenn Freitag der 13. ist? Viele Menschen verschieben wichtige Dinge lieber auf einen anderen Tag, nach dem Motto: Eigentlich ist es Quatsch, aber es kann ja nicht schaden, wenn ich meinen Termin auf einen anderen Tag lege.

Das sind Beispiele aus dem Alltag, die fast alle von uns so oder ähnlich kennen. Man hat so seine Einstellungen und seine Gewohnheiten. Manchmal sind diese Gewohnheiten vielleicht ein bisschen übertrieben, »pingelig« oder auch »schrullig«. Manche Menschen bekommen ein bisschen »Angst« vor solchen Marotten, andere ärgern sich darüber oder machen sich über sich selbst lustig wie der Segelbootsbesitzer, der sein Boot

»Freitag der Dreizehnte« nannte und den Rumpf auch noch schwarz anstrich. Aber meistens leiden diejenigen, die diese Angewohnheiten haben, nur wenig oder nur manchmal darunter. Beispiele für Zwänge sind diese Einstellungen und Gewohnheiten nicht.

Aber wann spricht man nun von einer Zwangsstörung? Diese und weitere Fragen sollen in den folgenden Abschnitten beantwortet werden:

- Wann spricht man von einer Zwangsstörung? (1.1)
- Welche Zwänge gibt es? (1.2)
- Wie kann man Zwangssymptome von normalem Verhalten unterscheiden? (1.3)
- Zwang, Magie und Religion (1.4)
- Wie kann man Zwänge von ähnlichen Krankheiten unterscheiden? (1.5)
- Noch mal das Wesentliche! (1.6)

1.1 Wann spricht man von einer Zwangsstörung?

Von einer Zwangserkrankung spricht man dann, wenn bestimmte Gedanken oder Handlungen nicht mehr eine lieb gewordene oder Sicherheit gebende Gewohnheit sind, sondern das Leben des Betroffenen und schließlich auch seiner Angehörigen immer mehr beeinträchtigen. Eine Zwangserkrankung kann aus Zwangsgedanken, Zwangshandlungen oder aus einer Mischung von beidem bestehen.

Zwangsgedanken ▶ sind Bilder, Gedanken oder Impulse, die immer wieder auftauchen. Sie lassen sich kaum ignorieren oder unterdrücken, sondern kommen Ihnen immer wieder spontan und gegen Ihren Willen in den Sinn. Ein wichtiges Merkmal von

Zwangsgedanken ist, dass sie nicht Ihre wirkliche Meinung widerspiegeln. Sie erscheinen Ihnen fremd, Sie können sie sogar abscheulich oder abstoßend finden. Zwangsgedanken haben eine unangenehme Wirkung, sie können Angst oder Unbehagen, Anspannung oder auch Ekel bewirken.

Frau Andresen * zum Beispiel litt unter den Zwangsgedanken, dass sie anderen einen Schaden zugefügt haben könnte. Wenn sie mit ihrer Familie beim Abendessen saß, drängte sich ihr plötzlich die Befürchtung auf, dass durch ihre Schuld Glassplitter ins Essen gekommen sein könnten und ihre Kinder davon krank werden oder sterben würden. Sie wusste einerseits, dass sie gut aufgepasst hatte, aber andererseits ließ sie diese Befürchtung nicht los. Den ganzen Abend nicht, obwohl Frau Andresen versuchte, sich durch Fernsehen abzulenken. Ihr Mann versuchte zwar immer, sie zu beruhigen, dass da keine Splitter im Essen waren, aber das nützte nichts. Sie war furchtbar angespannt, hatte Angst und konnte lange nicht einschlafen.

Neben den Zwangsgedanken von Frau Andresen gibt es noch viele andere Arten von Zwangsgedanken (s. Kap. 1.2). Die wichtigsten Merkmale von Zwangsgedanken können Sie noch mal im Kästchen nachlesen.

Merkmale von Zwangsgedanken

- kommen immer wieder
- sind aufdringlich, lassen sich nicht unterdrücken
- geben nicht die eigene Meinung wieder, erscheinen persönlichkeitsfremd oder abscheulich
- machen Angst, lösen Unbehagen, Anspannung, Ekel aus

* Alle Namen wurden von den Autoren geändert.

Zwangshandlungen ▶ sind Verhaltensweisen, Handlungen oder auch Rituale, die Sie tun »müssen«, immer wieder und wieder. Sie fühlen sich gewissermaßen dazu gezwungen, obwohl Sie die Handlung im Nachhinein als übertrieben und sinnlos ansehen. Wenn Sie versuchen zu widerstehen, merken Sie, wie schwer das ist. Zwangshandlungen haben eine wichtige Funktion: Sie sollen Katastrophen verhindern und unangenehme Gefühle wie Angst, Ekel, Traurigkeit, Leere oder Schuldgefühle verringern. Hierzu wieder ein Beispiel:

Herr Braun war Angestellter bei einer Elektrofirma. Jeden Morgen, wenn er das Haus verließ, kontrollierte er, ob die Kaffeemaschine und der Herd ausgeschaltet waren, ob das Badezimmerfenster zu war, ob das Licht aus war und schließlich, ob er die Haustür ordentlich zugeschlossen hatte. Das ist doch vernünftig, könnte man denken. Ja, ist es an sich auch, aber bei Herrn Braun war die Kontrolle deutlich übertrieben. Das wusste er auch, aber er konnte trotzdem sein Verhalten nicht ändern. Er hatte irgendwie doch Angst, dass ein Feuer ausbricht, weil Geräte oder Lampen nicht ordentlich ausgeschaltet sind, dass ein Einbrecher durch das Badezimmerfenster oder die offene Haustür kommt und die Wohnung verwüstet. Und er wäre dann schuld daran. Er hatte ein genaues Ritual, dass er jeden Morgen auf die gleiche Weise ausführte. Bei der Kaffeemaschine zog er den Stecker raus. Er musste den Stecker dreimal anfassen und dann »Stecker ist draußen« sagen. Beim Herd musste er alle Schalter einzeln gründlich ansehen, dann jeden anfassen und »Aus« sagen. Dann musste er noch mal jeden Schalter einzeln und gründlich ansehen. Und das, obwohl der Herd morgens gar nicht benutzt worden war. So ging es weiter in der Wohnung und dann an der Haustür. Insgesamt brauchte Herr Braun über eine Stunde, bis er endlich fertig war. Er schimpfte mit sich, dass er so was Übertriebenes machen musste, aber er konnte nicht anders. Das Problem mit dem Kontrollieren hatte angefangen, als seine Frau einen neuen Job angenommen hatte. Seitdem musste sie morgens ganz früh aus dem Haus. Bei dem alten Job hatte sie immer erst um zehn Uhr angefangen. Wenn er um sieben Uhr aus dem Haus ging, hatte er gedacht: »Wenn ich die Kaffeemaschine nicht ordentlich ausgemacht habe, wird meine Frau das schon merken.«

Zwangshandlungen kann man weiter unterteilen in offene und verdeckte Zwangshandlungen. Die in dem Beispiel beschriebenen Kontrollzwänge sind offene Zwangshandlungen, d.h., jeder kann sie sehen. Verdeckte Zwangshandlungen sind dagegen nicht sichtbar. Bei Herrn Braun finden wir auch dafür ein Beispiel. Einmal war er morgens etwas zu spät aufgestanden, ausgerechnet an dem Tag, als er früh ein wichtiges Gespräch mit seinem Chef hatte. Er machte seine Kontrollrituale, aber etwas schneller als sonst. Als er in der S-Bahn saß, hatte er plötzlich Angst, dass er in der Eile etwas übersehen oder nicht gründlich genug gemacht haben könnte. Aber er konnte nicht umkehren, weil er nicht zu spät zur Besprechung kommen wollte. Er bekam immer mehr Angst. Was sollte er bloß machen? Schließlich ging er alles in Gedanken noch mal durch: Wie er erst in der Küche an der Kaffeemaschine stand, was er da genau gemacht hatte, wie er dann zum Herd ging usw. Weil er seine Kontrollen nicht tatsächlich durchführen konnte (= offene Zwangshandlungen), machte er sie in Gedanken (= verdeckte Zwangshandlungen). Neben diesen Zwangshandlungen, wie Herr Braun sie machen muss, gibt es noch viele andere Arten von Zwangshandlungen. Weitere Beispiele folgen in Kapitel 2.2. Die wichtigsten Merkmale von Zwangshandlungen können Sie noch mal im Kästchen nachlesen.

Merkmale von Zwangshandlungen

- **sinnlose oder übertriebene Verhaltensweisen, Handlungen, Rituale**
- **starker innerer Druck, diese immer wieder ausführen zu müssen**
- **sollen Katastrophen verhindern, unangenehme Gefühle wie Angst, Traurigkeit, Schuldgefühle und Unruhe verringern**
- **Widerstand dagegen ist schwer oder gar nicht möglich**

Und was ist genau der Unterschied zwischen Zwangsgedanken und verdeckten Zwangshandlungen, werden Sie sich jetzt vielleicht fragen, beide sind doch Gedanken. Das stimmt. Doch sie unterscheiden sich in der Wirkung. Zwangsgedanken haben eine unangenehme Wirkung, sie verursachen zum Beispiel Angst, Ekel oder Anspannung. Zwangshandlungen dagegen – egal ob offen oder verdeckt – sind ein Bewältigungsversuch. Erinnern Sie sich: Herr Braun hatte Angst vor einer Katastrophe, und die Zwangshandlungen waren eine Hilfe gegen diese Angst. Mit seinen Kontrollen wollte er die Katastrophe verhindern. Die Ausführung der Rituale verringerte seine Angst, und nur in »Notsituationen« ersetzten die verdeckten Zwangshandlungen die offenen. In Kapitel 3 kommen wir auf dieses Thema wieder zurück, denn die Unterscheidung ist wichtig für die Therapie.

Die meisten Zwangserkrankten leiden übrigens unter einer Kombination von Zwangsgedanken und Zwangshandlungen. Zwangssymptome sind sehr vielfältig. Am häufigsten kommen Wasch- und Kontrollzwänge vor. Es gibt aber auch viele andere

Arten von Zwängen. Wie diese aussehen können, wollen wir Ihnen im nächsten Kapitel zeigen.

1.2 Welche Zwänge gibt es?

Wasch- und Reinigungszwänge

Frau Clemens litt unter einem Wasch- und Reinigungszwang. Sie befürchtete, durch Verschmutzung und Keime krank zu werden. »Ansteckungsquellen« waren für sie Geld, Münzen und Scheine, weil diese von vielen Leuten berührt werden. Andere »Ansteckungsquellen« waren Gegenstände wie Türklinken in öffentlichen Gebäuden, Haltegriffe in der Straßenbahn usw. Einkaufen ging sie nur noch mit dünnen Handschuhen. Wenn jemand sie darauf ansprach, sagte sie, sie habe eine Nickelallergie. Wieder zu Hause warf sie die Handschuhe gleich in einen Eimer im Flur. Dann wusch sie sich intensiv die Hände. Danach wischte sie die eingekauften Sachen gründlich sauber, vorsichtshalber auch den Platz, an dem sie die Einkaufstüten beim Hereinkommen abgestellt hatte. Anschließend wusch sie sich noch mal die Hände, bis sie sich sauber fühlte. Sie wusste eigentlich, dass ihre Angst und ihre Vorsichtsmaßnahmen übertrieben sind, aber sie konnte sich nur schwer dagegen wehren. Wenn ihr Ehemann abends von der Arbeit kam, musste er sich gleich die Hände gründlich waschen, damit auch er die Keime und die Verschmutzung, die er von draußen mitgebracht hatte, nicht in der Wohnung verteilte. Er fand das zwar übertrieben, aber er wusste, wenn er es nicht machte, dann ginge es seiner Frau sehr schlecht, und der Abend wäre beiden verdorben. Deshalb gab er lieber nach und wusch sich gründlich, so wie sie es wünschte.

Herr Daniels litt ebenfalls unter einem Waschzwang. Im Unterschied zu Frau Clemens musste er aber nur seine Hände waschen, ganz lange, mit Seife. Das Händewaschen musste außerdem in einer ganz bestimmten Art und Weise erfolgen. Wenn er gestört wurde, musste er von vorn anfangen. Herr Daniels hatte keine Angst vor Keimen und Krankheiten, er ekelte sich vor bestimmten Leuten, die nicht so gepflegt aussahen. Wovor er sich genau ekelte, konnte er nicht sagen. Wenn er bei seiner Arbeit einem Kunden die Hand geben musste, was oft vorkam, hatte er den Drang, sich so bald wie möglich die Hände zu waschen. An schlimmen Tagen, wenn der Zwang besonders stark war, nahm er statt Seife ein Desinfektionsmittel. Er achtete übertrieben darauf, räumlichen Abstand zu anderen Menschen zu halten. Wenn andere diesen Abstand nicht respektierten, konnte er richtige Wutanfälle bekommen.

Frau Ebert hatte Angst, Fussel in ihrer Wohnung zu verteilen. Wenn sie aus dem Haus ging, zog sie immer einen Mantel an, damit wenigstens nur der Mantel Fussel bekam und die andere Kleidung geschützt blieb. Wenn sie zurück in die Wohnung kam, entfernte sie drei Stunden sichtbare und unsichtbare Fussel von dem Mantel. Da sie allein wohnte, bekam niemand etwas davon mit. War sie bei einer Veranstaltung, behielt sie ihren Mantel an, weil sie wusste, dass sie dann wenigstens nur den sauber machen musste. Auch noch die Kleidung darunter sauber machen zu müssen, das hätte sie zeitlich gar nicht geschafft. Sie wusste, dass ihr Verhalten übertrieben ist. Sie schämte sich dafür und erzählte auch keinem etwas davon. Besuch lud sie schon lange nicht mehr ein, weil der ja auch Fussel in die Wohnung tragen würde. Es war ganz schön anstrengend, immer Ausreden erfinden zu müssen.

Alle drei Personen leiden unter Wasch- und Reinigungszwängen. Aber Sie können hier schon sehen, wie vielfältig Zwänge sind. Bei jedem dieser Menschen sehen die Zwangsgedanken und Zwangshandlungen anders aus.
Im Folgenden haben wir für Sie nochmals häufige Zwangsgedanken und Zwangshandlungen bei Wasch- und Reinigungszwängen zusammengestellt.

Zwangsgedanken, die man häufig – aber nicht immer! – bei Wasch- und Reinigungszwängen findet

- übertriebene Angst oder Ekel vor körperlichen Ausscheidungen
- übertriebene Angst oder Ekel vor Dreck, Bakterien oder Keimen
- übertriebene Angst, sich anzustecken und krank zu werden oder andere anzustecken
- übertriebene Angst oder Ekel vor Umweltgiften oder Haushaltsreinigern
- übertriebene Angst oder Ekel vor bestimmten Personen

Zwangshandlungen bei Wasch- und Reinigungszwängen

- übertriebenes Händewaschen, Duschen oder übertriebene Körperpflege – oft mit einem bestimmten Ritual verbunden
- übertriebene Gewohnheiten beim Toilettengang
- übertriebene Reinigung von Dingen im Haushalt

Kontrollzwänge

Herrn Braun mit dem Kontrollzwang haben Sie ja schon kennen gelernt. Sein Zwangsgedanke war die Befürchtung, dass etwas

Schreckliches im Haus passieren könnte, für das er verantwortlich wäre. Deshalb kontrollierte er Elektrogeräte, Wasserhähne, Türen und Fenster, möglichst tatsächlich (= offene Zwangshandlungen), aber wenn es nicht anders ging, dann auch gedanklich (= verdeckte Zwangshandlungen). Es war ihm peinlich, so etwas machen zu müssen. Keiner wusste von seinem Problem, auch seine Frau nicht. Er hatte Angst, jemand könnte denken, er sei verrückt.

Auch von Frau Andresen haben Sie schon gelesen. Sie hatte immer den Zwangsgedanken, dass durch ihre Schuld Glassplitter ins Essen kommen könnten. Sie kontrollierte ständig ganz genau alle Glasflaschen, vor allem den Hals, ob nicht ein winziger Splitter abgegangen sein könnte, der jetzt im Essen ist. Für das Kontrollieren ging viel Zeit drauf. Vor einiger Zeit hatte sie eine gute Idee gehabt, wie sie ihre Angst bewältigen könnte: Sie kaufte Plastikflaschen und Trinkbecher aus Plastik. Aber das half nur einige Tage. Ihr kam nämlich plötzlich der Gedanke, dass ja auch von Tellern und Tassen winzige Splitter abspringen und ins Essen fallen könnten. Ihr Mann wurde langsam ungeduldig und sagte nun öfter in gereiztem Ton: »Quatsch, da ist doch nichts im Essen!« Das wusste sie auch, aber trotzdem hatte sie diese starken Ängste.

Herr Freitag war langjähriger Angestellter bei einer Papierfirma. Eine seiner Aufgaben bestand darin sicherzustellen, dass die Papierlieferungen in der richtigen Menge an die richtigen Kunden geliefert wurden. Sein Chef konnte sich auf ihn verlassen, dass er es ordentlich machte, weil er so gewissenhaft war. Als der Sohn vom Chef den Betrieb übernahm, modernisierte er die Verwaltung. Plötzlich lief alles mit dem Computer. Herr Freitag konnte sich nicht so gut und so lange einarbeiten, wie er gern wollte. Er war nun oft unsicher, ob er alles richtig gemacht hatte, und überprüfte deshalb vieles noch mal. Einmal ging tatsächlich eine Lieferung an den falschen Kunden, der am nächsten Tag wütend beim Juniorchef anrief, so dass dieser Herrn Freitag zu sich rief und zu mehr Sorgfalt mahnte. Herr Freitag wurde immer angespannter bei der Arbeit. Wenn der Sohn vorbeikam und sagte: »Herr Freitag, sind Sie immer noch nicht fertig!«, dann brachte ihn das so durcheinander, dass er wieder von vorne anfangen musste. Er kam immer später von der Arbeit nach Hause, weil er einfach nicht fertig wurde. Auch zu Hause drängte sich nun öfter der Gedanke auf, dass er einen Fehler gemacht haben könnte. Neulich hatte er einen Brief viermal kontrolliert, ob er keinen Rechtschreibfehler übersehen hatte. Auf dem Weg zur Post war er sogar umgekehrt, hatte den Brief wieder aufgerissen und noch mal durchgelesen. Inzwischen schlief er sehr schlecht. Er hatte vor dem Einschlafen Panikanfälle vor lauter Angst, trotz aller Kontrollen etwas falsch gemacht zu haben. Seine Frau fand, dass er übertriebene Angst vor Fehlern hatte. Eigentlich musste er ihr Recht geben, aber die Angst war so stark, dass er lieber noch einmal kontrollierte.

Hier können Sie noch mal häufige Zwangsgedanken und Zwangshandlungen bei Kontrollzwängen nachlesen.

Zwangsgedanken, die man häufig – aber nicht immer! – bei Kontrollzwängen findet:

- übertriebene Angst, dafür verantwortlich zu sein, dass etwas Schreckliches passiert
- übertriebene Angst, anderen einen Schaden zuzufügen
- übertriebene Angst, einen Fehler zu machen

Zwangshandlungen bei Kontrollzwängen

- übertriebenes Kontrollieren von Elektrogeräten, Schlössern usw.
- übertriebenes Kontrollieren, ob jemand durch eigene Schuld zu Schaden gekommen ist
- übertriebenes Kontrollieren, ob man einen Fehler gemacht hat

Aggressive, sexuelle und religiöse Zwangsgedanken

Diese Zwangsgedanken kommen viel häufiger vor, als man denkt. Menschen, die diese Art von Zwangsgedanken haben, leiden in der Regel sehr stark darunter, weil sie Gedanken haben, die völlig ihren Wertvorstellungen oder dem, was sich ihrer Meinung nach gehört, widersprechen.

Frau Andresen haben Sie ja schon kennen gelernt. Sie fürchtete, dafür verantwortlich zu sein, dass die Familie durch Glassplitter im Essen verletzt werden könnte. Herr Gode hatte die Befürchtung, in der morgendlichen Konferenz, an der alle Mitarbeiter und der Chef teilnahmen, diesem ganz laut schmutzige Wörter an den Kopf zu werfen. Er hatte ein gutes Verhältnis zu seinem Chef, deswegen schämte er sich besonders dieser Gedanken. Frau Herbert drängte sich immer wieder der Gedanke auf: »Ich hasse meine Tochter.« Dabei liebte sie ihre Tochter über alles.

Herr Ihl hatte die sexuelle Zwangsvorstellung, bei Arbeitskolleginnen sexuell übergriffig werden zu können. Dabei war er glücklich verheiratet und hatte überhaupt kein Interesse an den Kolleginnen. Frau Jürgensen, eine gläubige Christin, hatte Zwangsgedanken in der Form, dass ihr immer wieder der Ge-

danke »Gott ist doof« in den Sinn kam. Sie litt sehr darunter, denn sie war sehr gläubig, und solch ein Gedanke widersprach vollkommen ihrer christlichen Grundhaltung.
Wir unterscheiden also:

Aggressive Zwangsgedanken

- Befürchtungen, sich oder anderen einen Schaden zuzufügen
- zwanghaft sich aufdrängende aggressive Bilder
- Befürchtungen, etwas Beleidigendes zu sagen oder etwas Peinliches zu tun
- Befürchtungen, einem ungewollten boshaften Impuls nachzugeben

Zwangsgedanken mit sexuellem Inhalt

- gegen den Willen sich aufdrängende verbotene oder perverse sexuelle Gedanken oder Impulse
- gegen den Willen sich aufdrängende sexuelle Zwangsvorstellungen über Kinder oder Verwandte
- gegen den Willen sich aufdrängende sexuelle Gedanken, die Homosexualität betreffen
- gegen den Willen sich aufdrängende Gedanken, die sich um eigene sexuelle Übergriffe drehen

Zwangsgedanken mit religiösem Inhalt

- Befürchtungen, Gott zu lästern
- gegen den Willen sich aufdrängende gotteslästerliche Gedanken

Ordnungszwänge

Frau Koch war stundenlang damit beschäftigt, Dinge im Haushalt in die richtige Ordnung zu bringen. Allein die Lebensmittel im Kühlschrank millimetergenau auszurichten, kostete sie vier

Stunden. Ihr Ehemann war ein ruhiger und nachgiebiger Mensch. Er richtete sich nach ihrer Ordnung und passte sehr genau auf, dass er möglichst nichts berührte und durcheinander brachte. Nur in seinem Arbeitszimmer konnte er sich bewegen, wie er wollte. Schlimm war es für Frau Koch, wenn Besuch kam und ihre Ordnung störte. Einmal hatte sie drei Tage gebraucht, bis ihre Ordnung wiederhergestellt war, obwohl die Verwandten nur im Wohnzimmer gewesen waren. Seitdem traf sie sich mit Bekannten und Verwandten lieber woanders.

Wiederholungszwänge

Frau Lehmann hatte oft Angst, dass ihrer Familie etwas zustoßen könnte. Beim Bügeln einer Bluse zum Beispiel kam ihr plötzlich der Gedanke, dass ihre Tochter einen Unfall haben könnte. Frau Lehmann befürchtete, dass sie selbst einen Unfall ihrer Tochter verursachen könnte, weil sie so einen Gedanken gehabt hatte. Um die negative Wirkung des Gedankens aufzuheben, musste sie die Bluse so lange bügeln, bis sie es geschafft hatte, »Nicht-Unfall-Gedanken« zu denken. So ging es mit allem! Egal was sie machte, wenn sie einen negativen Gedanken hatte, musste sie das, was sie gerade tat, so lange wiederholen, bis sie es geschafft hatte, nicht an den negativen Gedanken zu denken. Sie wusste, dass ihre Ängste abergläubisch waren und ihre Gedanken eigentlich nicht so eine Wirkung hatten. Aber hundertprozentig sicher war sie sich nicht.

Herr Müller hatte auch einen Wiederholungszwang. Er musste beim Reden seine Sätze immer wiederholen. Anders als Frau Lehmann konnte er nicht sagen, welche Gründe dahinter stecken. Besonders schlimm war es beim Telefonieren mit fremden Leuten, aber auch im Gespräch mit Freunden war es anstrengend – für ihn und für seine Freunde. Herr Klebermann, der ebenfalls ständig Sätze und sogar einzelne Worte wiederholen musste, tat dies, um sie »richtig«, wohlklingend und gut verständlich auszusprechen. Seine Frau fragte er zu Hause oft mehr als eine Stunde, ob ein Wort »richtig« geklungen hatte. Für sie klang es nie falsch, ihr Mann wurde aber jedes Mal böse, wenn sie ihm das sagte, da das Wort für ihn nicht »richtig« klang.

Zählzwänge

Herr Nagel fühlte sich gezwungen, alles zu zählen. Als er sich neulich mit einem Kunden unterhielt, musste er gleichzeitig dessen Sommersprossen zählen. Er war immer ein bisschen unaufmerksam im Gespräch, weil er gleichzeitig so mit dem Zählen beschäftigt war. Wenn er versuchte, das Zählen zu unterlassen, wurde er unruhig.

Kombination von Zähl- und Wiederholungszwängen

Diese beiden Zwänge kommen häufig gemeinsam vor. Die Zahl der Wiederholungen muss dann eine »gute« sein. Hier liegt dann so etwas wie ein Aberglauben, magisches Denken oder eine »Privatreligion« vor (s. Kap. 1.4), mit der vor allem Angst beruhigt wird. Nicht selten wird dabei auch noch ein »Berührzwang« entwickelt. So musste Herr Maibach vor dem Verlassen seiner Firma einen ganz bestimmten Stützpfeiler der Tiefgarage viermal mit der flachen Hand berühren, »damit der Schwiegermutter nichts passiert«. Dieses Ritual hatte er allmählich entwickelt, konnte es aber schon längst nicht mehr unterlassen. »Ich weiß vom Verstand her, dass das Quatsch ist, aber wenn ich es unterlasse und meine Schwiegermutter dann einen Herzinfarkt erleidet, könnte ich in meinem Leben nie wieder glücklich sein!«

Sammel- und Aufbewahrungszwänge

Menschen mit diesen Zwängen müssen Dinge sammeln und aufbewahren. Frau Ott war so jemand. Wenn sie irgendwo Prospekte sah, musste sie die mitnehmen. Auch alte Zeitungen konnte sie nicht wegwerfen, weil sie diese eines Tages noch mal brauchen könnte. Ihr Wohnzimmer war schon seit Jahren unbewohnbar, weil sich Prospekte und Zeitungen bis zur Decke stapelten. Im Schlafzimmer war noch ein kleiner Gang zum Bett frei, der Rest war ebenfalls voll mit Zeitungen und Prospekten. Sie wohnte überwiegend bei ihrem Partner, der eine eigene Wohnung hatte. In der letzten Zeit hatten sie oft Streit, weil sie immer mehr Prospekte auch in der Wohnung des Partners aufbewahrte und der sich ärgerte, dass seine Wohnung langsam immer mehr – wie er sagte – »zugemüllt« wurde.

Nun haben Sie die wichtigsten Zwangsgedanken und Zwangshandlungen kennen gelernt. Auf dem Arbeitsblatt 1 können Sie festhalten, welche Zwänge bei Ihnen eine Rolle spielen.

Arbeitsblatt 1: Checkliste – meine eigenen Zwangssymptome

Yale Brown Obsessive-Compulsive Scale Symptom Checklist von Goodman und Mitarbeitern nach Baer, siehe Literatur

Sie werden auf den folgenden Seiten verschiedene Zwangsgedanken und Zwangshandlungen finden. Umkreisen Sie die Nummern derjenigen Symptome, die Sie in den letzten sieben Tagen an sich beobachtet haben. Bitte überlegen Sie danach, welche Symptome im Moment im Vordergrund stehen und markieren Sie dann das wichtigste mit einer (1), das zweitwichtigste mit einer (2) und das drittwichtigste mit einer (3). Ein Stern (*) bedeutet, dass das betreffende Symptom ein Zwangssymptom sein kann, aber nicht muss.

ZWANGSGEDANKEN

Zwangsgedanken mit aggressivem Inhalt

1. **Ich habe Angst, ich könnte mir Schaden zufügen.**
☐ Angst, mit Messer und Gabel zu essen; Angst, mit scharfen Gegenständen zu hantieren; Angst, an Glasscheiben vorbeizugehen.

2. **Ich habe Angst, ich könnte anderen Schaden zufügen.**
☐ Angst, das Essen anderer Leute zu vergiften; Angst, Babys zu verletzen; Angst, jemanden vor den Zug zu stoßen; Angst, die Gefühle eines anderen zu verletzen; Angst, sich schuldig zu machen, weil man bei einer Katastrophe keine Hilfe leistet; Angst, jemanden durch einen schlechten Ratschlag zu schaden.

3. **Ich habe gewalttätige oder grauenvolle Bilder im Kopf.**
☐ Vorstellungen von Gewaltverbrechen, Körpern mit abgetrennten Gliedmaßen oder anderen entsetzlichen Szenen.

4. **Ich habe Angst, obszöne oder beleidigende Dinge zu sagen.**
☐ Angst, in öffentlichen Situationen, z. B. in der Kirche, Obszönitäten auszustoßen; Angst, unanständige Wörter oder Sätze zu schreiben.

5. **Ich habe Angst, ich könnte etwas anderes Peinliches tun.**
☐ Angst, sich vor anderen zu blamieren.

6. **Ich habe Angst, ich könnte einem ungewollten Impuls folgen.**
☐ Angst, an einen Baum zu fahren; Angst, jemanden zu überfahren; Angst, mit einem Messer auf einen Freund einzustechen.

7. **Ich habe Angst, ich könnte zum Dieb werden.**
☐ Angst, die Kassiererin im Laden zu betrügen; Angst, wertlose Dinge aus einem Geschäft zu stehlen.

8. **Ich habe Angst, ich könnte anderen aus Unvorsichtigkeit Schaden zufügen.**
☐ Angst, einen Unfall zu verursachen, ohne es zu bemerken (wie ein Verkehrsunfall mit Fahrerflucht).

9. **Ich habe Angst, ich könnte daran schuld sein, dass sich irgend etwas anderes Furchtbares ereignet.**
☐ Angst, beim Verlassen des Hauses nicht sorgfältig genug alles zu überprüfen und dadurch ein Feuer oder einen Einbruch zu verursachen.

Zwanghafte Angst vor Verseuchung

10. **Der Gedanke an körperliche Ausscheidungen beunruhigt mich sehr, bzw. ich empfinde große Abscheu vor ihnen.**
☐ Angst, sich in öffentlichen Toiletten mit Aids, Krebs oder anderen Krankheiten zu infizieren; Angst vor dem eigenen Speichel, Urin, Kot, Samen oder Scheidenflüssigkeit.

11. **Ich mache mir große Sorgen über Dreck oder Bazillen.**
☐ Angst vor Übertragung von Krankheitserregern durch Sitzen auf bestimmten Stühlen, Händeschütteln oder Berühren von Türgriffen.

12. **Ich habe übergroße Angst vor Umweltgiften.**
☐ Angst vor Verseuchung durch Asbest oder Radon; Angst vor radioaktiven Stoffen; Angst vor Dingen, die aus Städten mit Giftmülldeponien kommen.

13. **Ich habe große Angst vor bestimmten Haushaltsreinigern.**
☐ Angst vor giftigen Küchen- oder Sanitärreinigern, Lösungsmitteln, Insektensprays oder Terpentin.

14. **Ich habe große Angst davor, mit Tieren in Berührung zu kommen.**
☐ Angst, mich über ein Insekt, einen Hund, eine Katze oder ein anderes Tier mit einer Krankheit zu infizieren.

15. **Klebstoffe oder andere klebrige Materialien verursachen mir großes Unbehagen.**
☐ Angst vor Krankheitserregern oder Giften, die an Klebeflächen oder anderen klebrigen Substanzen haften könnten.

16. **Es macht mir große Sorgen, dass ich mich irgendwo anstecken und krank werden könnte.**
☐ Angst, durch eine Infektion oder Verseuchung nach kürzerer oder längerer Zeit schwer zu erkranken.

17. **Ich bin besorgt darüber, dass ich andere anstecken könnte.**
☐ Angst, nach Kontakt mit giftigen Stoffen (z. B. Benzin) oder nach Berührung bestimmter Stellen des eigenen Körpers andere anzufassen oder für sie Mahlzeiten zuzubereiten.

Zwangsgedanken mit sexuellem Inhalt

18. ☐ Ich habe verbotene oder perverse sexuelle Gedanken, Vorstellungen oder Impulse.
Belastende sexuelle Gedanken, die sich auf Fremde, Freunde oder Familienmitglieder beziehen.

19. ☐ Ich habe sexuelle Zwangsvorstellungen, in denen Kinder oder eigene enge Verwandte (Inzest) eine Rolle spielen.
Ungewollte Gedanken, die eigenen oder andere Kinder sexuell zu belästigen.

20. ☐ Ich habe Zwangsgedanken, die die Homosexualität betreffen.
Zweifel wie: »Bin ich homosexuell?« oder »Was, wenn ich plötzlich schwul werde?«, wenn es keine Grundlage für solche Gedanken gibt.

21. ☐ Ich habe Zwangsgedanken, die sich um sexuelle Übergriffe gegen andere Personen drehen.
Belastende Vorstellungen über gewalttätige sexuelle Annäherungen an erwachsene Fremde, Bekannte oder Familienmitglieder.

Zwangsgedanken über das Sammeln und Aufbewahren von Gegenständen

22. ☐ Ich habe Zwangsgedanken, die das Aufheben und Sammeln von Sachen betreffen.
Angst davor, etwas scheinbar Unwichtiges wegzuwerfen, was man in Zukunft noch einmal gebrauchen könnte; der Drang, unterwegs Gegenstände aufzuheben und wertlose Dinge zu sammeln.

Zwangsgedanken mit religiösem Inhalt

23. ☐ Ich mache mir Sorgen, etwas tun zu können, was ein Vergehen gegen meinen Glauben darstellen würde.
Angst, gotteslästerliche Dinge zu denken oder zu sagen bzw. dafür bestraft zu werden.

24. ☐ Ich habe übermäßig strenge Moralvorstellungen.
Die Sorge, auch wirklich immer »das Richtige« zu tun; Angst, gelogen oder jemanden betrogen zu haben.

Zwanghaftes Bedürfnis nach Symmetrie und Genauigkeit

25. ☐ Ich habe Zwangsgedanken über Symmetrie und Genauigkeit.
Die Sorge, Bücher könnten unordentlich im Regal stehen oder Zeitungen nicht ordentlich aufeinander liegen; Angst, dass die Handschrift oder angestellte Berechnungen unvollkommen sind.

Andere Zwangsgedanken

26. ☐ **Ich habe das Gefühl, bestimmte Dinge unbedingt wissen oder mir merken zu müssen.**
Die Überzeugung, man müsste sich bestimmte unwichtige Dinge merken wie Nummernschilder, die Namen von Schauspielern in Fernsehfilmen, alte Telefonnummern oder Sprüche von Autoaufklebern oder T-Shirts.

27. ☐ **Ich fürchte mich davor, bestimmte Dinge zu sagen.**
Angst, bestimmte Wörter zu benutzen (z. B. die Zahl 13), da sie Unglück bringen könnten; Angst, etwas Respektloses über einen Toten zu sagen.

28. ☐ **Ich habe Angst davor, etwas Falsches zu sagen.**
Angst, nicht das zu sagen, was man sagen will, oder sich nicht richtig auszudrücken; Angst, Worte falsch auszusprechen.

29. ☐ **Ich habe Angst davor, Dinge zu verlieren.**
Angst, die Brieftasche oder unwichtige Gegenstände wie ein Stück Papier zu verlieren.

30. ☐ **Lästige neutrale Gedanken dringen in mein Bewusstsein ein.**
Nichtssagende, aber störende Vorstellungen, die sich einem aufdrängen.

31. ☐ **Ich fühle mich durch lästige und sinnlose imaginäre Geräusche, Wörter oder Musik gestört, die in mein Bewusstsein eindringen.**
Wörter, Lieder oder Geräusche, die sich nicht abstellen lassen.

32.* ☐ **Bestimmte Klänge oder Geräusche stören mich.**
Sich stark durch Geräusche wie laut tickende Uhren oder Stimmen aus einem anderen Zimmer, die einen vom Schlafen abhalten, gestört fühlen.

33. ☐ **Ich habe Glückszahlen und Unglückszahlen.**
Gedanken, die sich um bestimmte Zahlen (z. B. die 13) drehen, und einen veranlassen, Dinge so und so oft zu tun oder mit etwas solange zu warten, bis die »richtige« Uhrzeit dafür da ist.

34. ☐ **Bestimmte Farben haben eine besondere Bedeutung für mich.**
Angst, Gegenstände mit einer bestimmten Farbe zu benutzen (z. B. weil Schwarz für den Tod und Rot für Blut und Verletzung stehe).

35. ☐ **Ich habe abergläubische Ängste.**
Angst, an Friedhöfen, Leichenwagen oder schwarzen Katzen vorbeizugehen; Angst vor »Todesboten«.

Zwangsgedanken, die um bestimmte körperliche Aspekte kreisen

36. ☐ **Ich beschäftige mich sehr mit der Gefahr, von Krankheiten befallen zu werden.**
Angst, Krebs, Aids, eine Herzkrankheit oder etwas anderes zu haben, obwohl der Arzt sagt, dass alles in Ordnung ist.

37. * **Ich mache mir Sorgen, dass etwas mit meinem Körper oder meinem Äußeren nicht stimmt (Dysmorphophobie).**
☐ Die Befürchtung, an Gesicht, Ohren, Nase, Augen oder irgendeinem anderen Teil des Körpers fürchterlich entstellt zu sein, obwohl andere einem versichern, dass dies nicht so ist.

ZWANGSHANDLUNGEN

Säuberungs- und Waschzwänge

38. **Das Händewaschen nimmt bei mir unverhältnismäßig viel Zeit in Anspruch oder ist mit einem bestimmten Ritual verbunden.**
☐ Viele Male am Tag die Hände waschen oder langes Händewaschen nach der – tatsächlichen oder vermeintlichen – Berührung eines unreinen Gegenstandes. Dies kann sich auch auf die Arme bis zu den Schultern erstrecken.

39. **Ich habe übertriebene oder mit ganz bestimmten Ritualen verbundene Gewohnheiten, die das Duschen, Baden, Zähneputzen, Kämmen und Schminken oder das Benutzen der Toilette betreffen.**
☐ Handlungen, die der Körperpflege dienen, z. B. Duschen oder Baden, dauern Stunden. Wird die Abfolge unterbrochen, muss u.U. wieder ganz von vorn begonnen werden.

40. **Ich habe zwanghafte Gewohnheiten, die die Reinigung verschiedener Dinge im Haushalt betreffen.**
☐ Übermäßiges Säubern von Wasserhähnen, Toiletten, Fußböden, Küchentischen oder Küchenutensilien.

41. **Ich treffe andere Vorkehrungen, um nicht mit Krankheitserregern in Berührung zu kommen.**
☐ Familienangehörige darum bitten, Insektenvernichtungsmittel, Müll, Benzinkanister, rohes Fleisch, Farben, Lack, Medikamente aus der Hausapotheke oder Katzendreck anzufassen bzw. wegzuschaffen, anstatt es selbst zu tun. Möglicherweise der Einsatz von Handschuhen, wenn sich der Umgang mit diesen Dingen nicht vermeiden lässt.

Kontrollzwänge

42. **Ich muss kontrollieren, ob ich jemandem Schaden zugefügt habe.**
☐ Kontrollieren, ob man jemanden verletzt hat, ohne es zu bemerken. Andere bitten zu bestätigen, dass alles in Ordnung ist, oder anzurufen um zu fragen, wie es ihnen geht.

43. **Ich überprüfe, ob ich mich nicht selbst verletzt habe.**
☐ Nach Blut oder Verletzungen suchen, wenn man mit scharfen oder zerbrechlichen Gegenständen hantiert hat. Häufige Arztbesuche, um sich bestätigen zu lassen, dass man unverletzt ist.

44. **Ich überprüfe, ob sich etwas Furchtbares ereignet hat.**
☐ Die Zeitungen nach Berichten von Katastrophen durchforsten, die man glaubt, selbst verursacht zu haben (oder im Fernsehen auf solche Berichte warten). Andere fragen, ob man nicht einen Unfall verursacht hat.

45. **Ich kontrolliere, ob ich keine Fehler gemacht habe.**
☐ Mehrfaches Überprüfen von Türschlössern, Küchenherden und elektrischen Anschlüssen vor Verlassen des Hauses; mehrfaches Überprüfen des Gelesenen, Geschriebenen oder Berechneten um sicherzugehen, dass einem kein Fehler unterlaufen ist.

46.* **Meine Zwangsgedanken über verschiedene Dinge, die mit meiner**
☐ **gesundheitlichen Verfassung oder meiner äußeren Erscheinung zu tun haben, veranlassen mich zu überprüfen, ob alles mit mir in Ordnung ist.**
Sich von Freunden oder Ärzten bestätigen lassen, dass man keinen Herzanfall hat oder Krebs bekommt; häufiges Puls-, Blutdruck- oder Temperaturmessen; überprüfen, ob man schlecht riecht; sein Spiegelbild überprüfen und nach hässlichen Merkmalen absuchen.

Wiederholungszwänge

47. **Ich muss Dinge immer wieder neu schreiben oder lesen.**
☐ Stunden brauchen, um ein paar Seiten eines Buches zu lesen oder einen kurzen Brief zu schreiben; besorgt sein, dass man nicht versteht, was man gerade gelesen hat; den hundertprozentig passenden Ausdruck oder Satz finden wollen; sich zwanghaft auf die äußere Form bestimmter gedruckter Buchstaben in einem Buch konzentrieren müssen.

48. **Ich muss bestimmte Routinehandlungen immer mehrfach durchführen.**
☐ Zahlreiche Wiederholungen von Handlungen durchführen z. B. beim Ein- und Abschalten von Geräten, Haare kämmen oder Betreten und Verlassen eines Raumes; Worte immer wiederholen zu müssen, bis sie »richtig« gesagt wurden; sich unwohl fühlen, wenn man diese Wiederholungen unterlässt.

Zählzwänge

49. **Ich habe Zählzwänge.**

☐ Dinge zählen wie Decken- oder Fußbodenfliesen, Bücher im Regal, Nägel in der Wand oder sogar die Sandkörner am Strand; mitzählen, wenn man bestimmte Dinge wiederholt wie z. B. das Waschen einzelner Körperpartien (Es gibt für viele »gute« und »schlechte« Zahlen, die bestimmen, wie oft jemand etwas wiederholen muss.).

Ordnungszwänge

50. **Ich habe Ordnungszwänge.**

☐ Papiere oder Stifte auf dem Schreibtisch oder Bücher im Regal ordnen; Stunden damit verbringen, Dinge im Haus in die richtige Ordnung zu bringen und sich darüber aufregen, wenn diese Ordnung gestört wird.

Hort- und Sammelzwänge

51. **Ich habe den Zwang, Dinge zu horten und zu sammeln.**

☐ Aufbewahren alter Zeitungen, Notizen, Dosen, Papiertücher, Verpackungen und Flaschen aus der Sorge, man könnte sie eines Tages einmal benötigen; unnütze Dinge von der Straße auflesen oder aus Mülleimern herausholen.

Andere Zwangshandlungen

52. **Es gibt Rituale, die ich im Geist ausführe (andere als Zählen oder Kontrollieren).**

☐ Im Kopf Rituale ausführen, z. B. Gebete aufsagen oder einen »guten« Gedanken denken, um einen »schlechten« wieder gut zu machen. Der Unterschied zu Zwangsgedanken ist, dass man diese Rituale einsetzt, um eine Angst zu bekämpfen oder um sich besser fühlen zu können.

53. **Ich muss anderen Menschen bestimmte Dinge sagen oder gestehen oder**

☐ **ihnen bestimmte Fragen stellen.**

Andere Leute bitten zu bestätigen, dass alles in Ordnung ist; Taten zu gestehen, die man niemals begangen hat; glauben, man müsste anderen Leuten bestimmte Sachen sagen, um sich besser zu fühlen.

54.* **Ich muss Dinge berühren, beklopfen oder an ihnen reiben.**

☐ Dem Drang nachgeben, raue oder heiße Oberflächen (z. B. Holz oder Herdplatten) zu berühren oder andere Leute im Vorübergehen zu streifen; glauben, man müsse einen bestimmten Gegenstand wie den Telefonapparat berühren, um die Erkrankung eines Familienangehörigen zu verhindern.

55. **Ich treffe Vorkehrungen (andere als Kontrollhandlungen), um Schaden von mir**

☐ **oder anderen abzuwenden oder das Eintreten furchtbarer Dinge zu verhindern.**

Sich von scharfen oder zerbrechlichen Dingen wie Messern, Scheren oder Glas fernhalten.

56.* **Das Einnehmen von Mahlzeiten ist bei mir mit ganz bestimmten Ritualen verknüpft.**
☐ Nicht in der Lage sein, mit einer Mahlzeit zu beginnen, ehe alles auf dem Tisch in eine bestimmte Anordnung gebracht ist; beim Essen strikt auf die Einhaltung eines bestimmten Rituals achten; nicht essen können, bevor die Zeiger der Uhr nicht genau auf einem bestimmten Punkt stehen.

57. **Ich habe abergläubische Verhaltensweisen.**
☐ Nicht mit einem Bus oder einer Bahn fahren, deren Nummer eine »Unglückszahl« (z. B. 13) enthält; am 13. des Monats nicht aus dem Haus gehen; Kleidungsstücke fortwerfen, die man beim Vorbeigehen an einem Friedhof oder einer Leichenhalle trug.

58.* **Ich reiße mir die Haare heraus (Trichotillomanie).**
☐ Mit den Fingern oder einer Pinzette Kopfhaare, Wimpern, Augenbrauenhärchen oder Schamhaare herausziehen. Dabei können kahle Stellen entstehen, die einen zum Tragen einer Perücke zwingen.

Viele Zwangserkrankte sagen übrigens, dass ihre Zwänge sich im Laufe des Lebens verändert haben. Frau Rollmann hatte als Jugendliche Kontrollzwänge. Sie musste immer kontrollieren, ob sie ihre Hausaufgaben richtig gemacht hatte. Diese Zwänge hörten irgendwann auf. Dafür bekam sie immer öfter Angst, dass sie mit dem Auto jemanden überfahren haben könnte. Sie musste dann wieder zurückfahren, um zu überprüfen, ob einer verletzt am Straßenrand lag. Sie fuhr deswegen nur noch selten Auto. Nach der Geburt des ersten Kindes hatte sie plötzlich ständig Angst, dass sie dem Kind etwas antun könnte. Während sie mit den früheren Zwängen noch ganz gut im Alltag zurechtkam, waren diese Zwangsgedanken so schlimm für sie, dass sie sich entschied, eine Therapie zu machen.

1.3 Wie kann man Zwangssymptome von normalem Verhalten unterscheiden?

Beim Lesen der Kapitel haben Sie sicher schon eine erste Vorstellung davon bekommen, wie man Zwänge von normalen Gedanken und Verhalten unterscheiden kann.

Von alltäglichen Angewohnheiten unterscheiden sich Zwänge darin, dass sie deutlich übertrieben sind. Bei Kontroll- und Putzzwängen zum Beispiel äußern Verwandte und Bekannte häufig diese Meinung. Natürlich ist nicht jede »Nörgelei« ernst zu nehmen, Menschen unterscheiden sich nun mal in ihren Ansichten. Aber bei Zwangserkrankungen haben die Angehörigen oft Recht, da kann man schon nicht mehr von alltäglichen Angewohnheiten sprechen. Der Betroffene findet diese auch nicht gut, doch er kann sich nicht richtig dagegen wehren. Er leidet unter den Zwängen, sie belasten seinen Alltag, oft auch seine Arbeit und vermindern seine Lebensfreude.

Was bedeutet das? Stellen wir uns zum Beispiel einen ordentlichen Menschen vor, der am Ende seines Arbeitstages seinen Schreibtisch aufräumt. Wenn man ihn fragt, könnte er antworten: Ich räume gern noch ein bisschen auf, da kann ich mich gut entspannen, und hinterher sieht der Schreibtisch so schön ordentlich aus. Ein Zwangserkrankter dagegen fühlt sich innerlich unter Druck, aufräumen zu müssen. Während der ordentliche Mensch vielleicht zehn Minuten braucht, braucht der Zwangserkrankte womöglich drei Stunden für seinen Schreibtisch. Auch wenn hinterher die Unruhe und der innere Druck deutlich abgenommen haben, findet er den Aufräumaufwand stark übertrieben. Auch weil er so immer erst spät nach Hause kommt.

Man kann sich das Ganze auf einer Linie vorstellen, ziemlich weit links sind Leute, die völlig chaotisch sind, dann kommen die Unordentlichen, in der Mitte sind Menschen im Normalbereich. Nach rechts werden die Menschen immer ordentlicher und ganz rechts ist der Mensch mit dem Ordnungszwang.

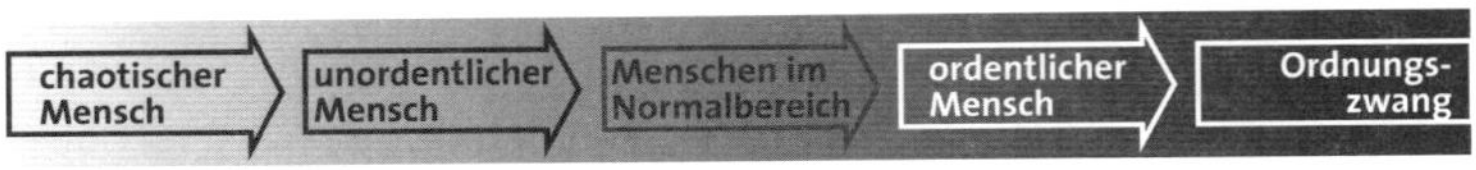

Ähnlich kann man sich die Linie für Kontrollzwänge vorstellen.

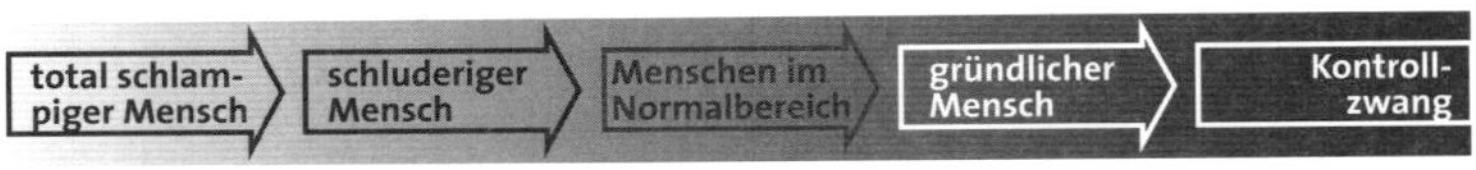

Wenn Sie an Herrn Freitag aus der Papierfirma denken, so haben Sie ein Beispiel dafür, wie ein Mensch aus dem mittleren Bereich langsam in den rechten Randbereich kommt.

Ein letztes Beispiel für Wasch- und Reinigungszwänge:

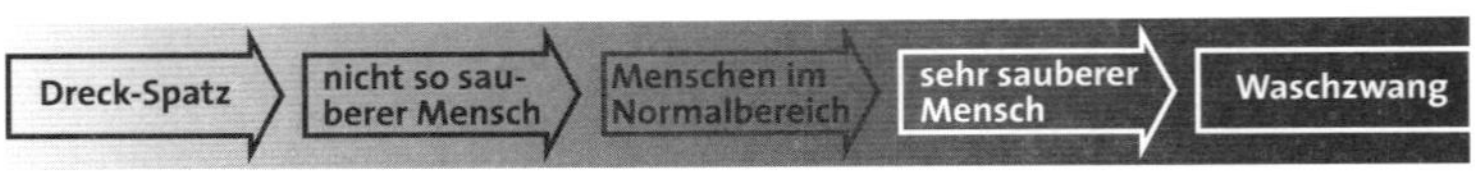

Gerade bei Wasch- und Reinigungszwängen wird deutlich, dass jeder Mensch seinen eigenen Maßstab hat. Die meisten Menschen sind sich einig über den äußeren Bereich ganz rechts und ganz links. Wenn sich jemand einmal im Monat wäscht, so sagen fast alle: »Das ist ein Dreckspatz.« Wenn sich jemand täglich vier Stunden duscht, sagen die meisten: »Das ist viel zu viel. Der hat ja eine Macke!« Aber wie sieht es dazwischen aus? Manche duschen zweimal die Woche, andere einmal am Tag, manche zweimal am Tag und jeder findet sein Duschverhalten richtig. Wenn ein Gärtner sich die Hände wäscht, bevor er eine Blume einpflanzt, finden wir das übertrieben, wenn ein Arzt vor der Operation einmal die Hände wäscht, finden wir das vielleicht zu wenig. Sie sehen, wie unterschiedlich die Maßstäbe sind.

Wir kommen später im Buch (Kap. 3.2) auf solche Überlegungen zurück, wenn es um die Festlegung der Therapieziele geht.

Zusammenfassend kann man sagen, dass es sich bei Zwängen häufig um ein notwendiges und lebenswichtiges Normalverhalten handelt, das aus unterschiedlichen Gründen ausgeufert ist und dadurch den gegenteiligen Effekt bewirkt.

1.4 Zwang, Magie und Religion

Sigmund Freud sprach schon vor etwa 100 Jahren von der Zwangskrankheit als einer Art Privatreligion der Betroffenen. Was meinte er damit, und wie können wir das heute verstehen?

Wenn Menschen in große innere Not geraten, seelische Schmerzen kaum noch aushalten können oder dumpfe Zukunftsängste entwickeln, dann besteht eine hohe Tendenz, magische Rituale zur Abhilfe einzusetzen.

Magische Rituale ▶ sind Handlungen, denen wir übernatürliche Kräfte zur Abwendung von Unheil zuschreiben. Sie sollen also helfen, zumindest vorübergehend Ängste oder Traurigkeit abzubauen und Vertrauen in die Zukunft wiederzugeben. In allen Kulturen der Welt über die gesamte Menschheitsgeschichte haben einzelne Menschen wie auch ganze Völker in Bedrohungssituationen subjektiv rettende, Sicherheit bringende Rituale entwickelt. In allen Kulturen hat es auch immer Menschen gegeben, die glaubten, aus bestimmten Zeichen am Himmel, aus dem Flug der Vögel und anderen Naturphänomenen, zukünftige Ereignisse vorhersagen zu können. Sie waren auch diejenigen, die ihren Mitmenschen erzählten, mit welchen magischen Ritualen man das Unheil doch noch abwenden könne.

Die persönliche Bedeutung von Zwangsritualen und von religiösen Ritualen hat oft große Ähnlichkeit, ohne damit Religionen den Zwängen gleichsetzen zu wollen. Wenn Katholiken zum Beispiel Sünden beichten, so kann es sein, dass sie die Auflage erhalten, bestimmte Gebete soundso häufig zu wiederholen und Buße zu tun, um sich damit von der Schuld zu befreien. Wenn der islamische Gläubige die Moschee zum Gebet betreten will, so ist ihm eine rituelle Waschung vorgeschrieben, die mit Wasser – oder in der Wüste auch mit Sand – vollzogen wird. Es ist seit Jahrhunderten bekannt, dass immer wieder Menschen bei diesem Reinigungsvorgang in zwanghaftes Verhalten verfallen, nicht mehr entscheiden können, wann es »genug« ist. Gleichzeitig entwickeln sie ein Gefühl der Versündigung, da sie ja nun nicht mehr rechtzeitig zur Andacht kommen.

Auch das Alltagsleben »normaler« Bürger ist mehr oder weniger geprägt mit bewussten oder unbewussten magischen Ritualen. Ein verbreitetes Zähl-Wiederhol-Berühr-Sprech-Ritual ist zum Beispiel »Toi, toi toi!« sagen und auf Holz klopfen, wenn man auf die Frage »Wie geht's?« mit »Gut« geantwortet hat. Viele, die dies tun, wissen gar nicht, dass damit ursprünglich die Angst, mit dem »Gut« Gott oder andere Mächte provoziert zu haben, beschwichtigt und quasi Gott wieder gnädig gestimmt werden sollte. Aus solchen harmlosen Alltagsritualen können sich unter bestimmten Belastungen quälende Zwangsrituale entwickeln.

Bei magischen Zwängen spielen Zahlen eine wichtige Rolle. Sie kennen das Sprichwort »Aller guten Dinge sind drei«. Zwangshandlungen müssen oft bis zum Erreichen einer »richtigen« Zahl, zum Beispiel der Drei, wiederholt werden. Auch hier sehen wir wieder die Parallele zu verschiedenen Religionen: Im Christentum haben wir die »Heilige Dreieinigkeit«. In bestimmten Buddhatempeln finden wir Buddha in drei nebeneinander sitzenden Figuren dargestellt: dem vergangenen, dem gegenwärtigen und dem zukünftigen Buddha – auf jeder Seite ergänzt durch 9 (3 × 3!) Jünger.

Natürlich sind längst nicht alle Zwänge mit magischen Erwartungen oder Gedanken verknüpft. Sophia Loren zum Beispiel erklärte vor Jahren in einem Zeitungsinterview, dass schon ihre Großmutter ihr beigebracht habe: »Wenn du traurig bist, dann putze einfach Fenster, und es wird dir besser gehen«. Hier ist das Fensterputzen eine Ablenkungsstrategie, die mit der Hoffnung verbunden ist, dass der Anflug von Traurigkeit nach dem Putzen verschwunden ist. Wer gern noch mehr über dieses Thema lesen möchte, dem empfehlen wir die Mitgliederzeitschrift der DGZ, Z-Aktuell, und zwar die Ausgabe 2/2003, die sich mit diesem Thema ausführlich beschäftigt.

1.5 Wie kann man Zwänge von ähnlichen Krankheiten unterscheiden?

Im Folgenden werden einige Krankheiten kurz beschrieben, die gemeinsame Merkmale mit Zwangserkrankungen haben, manchmal mit Zwangserkrankungen verwechselt werden oder auch gleichzeitig mit Zwangserkrankungen auftreten können. Wenn Sie nach dem Lesen unsicher sind, ob Sie wirklich eine

Zwangserkrankung haben oder vielleicht eher an einer anderen Erkrankung leiden, sollten Sie mit Ihrem Arzt oder einem Psychologen darüber sprechen. Das ist auch deswegen wichtig, weil diese Erkrankungen nicht mit den gleichen Methoden wie Zwangserkrankungen behandelt werden können und bei manchen dieser Erkrankungen Medikamente in der Behandlung eine zentrale Rolle spielen.

Depressionen

Depressionen zeichnen sich durch eine traurige und niedergeschlagene Stimmung aus. Es werden kaum noch Gefühle wahrgenommen (»Gefühl der Gefühllosigkeit«), nichts macht mehr Freude, es fehlt der Schwung, und der Betroffene kann sich nur schwer zu Aktivitäten aufraffen. Daneben können innere Unruhe, Schlafstörungen, Appetitverlust und verschiedene körperliche Allgemeinbeschwerden auftreten. Depressionen kommen bei Menschen mit einer Zwangserkrankung gar nicht so selten vor. Manchmal war die Depression zuerst da, manchmal die Zwangserkrankung und die Depression folgte, weil die Zwänge so viel Lebensqualität wegnahmen. Mitunter ist die ursprüngliche Erkrankung gar nicht erkennbar. Wenn depressive Menschen sehr stark grübeln und sich kaum von diesen Grübeleien befreien können, werden Zwangserkrankungen manchmal mit Depressionen verwechselt. Ein Unterscheidungsmerkmal ist, dass Grübelgedanken bei Depressionen eher die momentane eigene Meinung wiedergeben, während Zwangsgedanken persönlichkeitsfremd erlebt werden. Aber auch das ist nicht immer klar zu unterscheiden.

Generalisierte Angststörung

Hauptmerkmal einer generalisierten Angststörung sind übertriebene, ständige und vielfältige Sorgen um Alltagsprobleme. Jemand, der an dieser Krankheit leidet, sorgt sich zum Beispiel ständig und in übertriebenem Maße um das Wohlergehen seiner Kinder, die finanzielle Lage und um den Arbeitsplatz, auch wenn eigentlich kein Anlass dazu besteht. Die Sorgen erscheinen kaum kontrollierbar. Häufig fühlt sich der Betroffene ruhelos, kann nicht entspannen, ist angespannt oder reizbar. Von Zwangsgedanken unterscheidet sich die generalisierte Angsterkrankung darin, dass diese um reale Alltagsprobleme kreist, während Zwangsgedanken als persönlichkeitsfremd angesehen werden.

Hypochondrie

Bei der Hypochondrie handelt es sich um die übermäßige Sorge, eine ernsthafte Krankheit zu haben oder zu bekommen. Der Betroffene beobachtet sehr stark seinen Körper, und wenn irgendwo ein kleines Körpersignal auftritt, interpretiert er das gleich als Anzeichen einer schlimmen Krankheit. Bei bestimmten Zwangserkrankungen spielt die Sorge um die eigene körperliche Gesundheit auch eine große Rolle, ist aber immer mit dem Ausführen von Ritualen (z. B. beim Waschen) oder anderen Zwangshandlungen verbunden, die bei einer Hypochondrie nicht vorkommen.

Immer wieder fragen Zwangserkrankte besorgt: »Habe ich eine Psychose? Könnten meine Probleme Zeichen einer Psychose sein?« In der Regel haben sie keine und werden auch keine bekommen, auch wenn es manchmal Überschneidungen gibt. Doch zunächst einmal: Was ist eine Psychose? Unter diesem Begriff werden verschiedene Krankheitsbilder zusammengefasst. Die bekanntesten Psychosen sind die Schizophrenien. Wer an einer Schizophrenie erkrankt ist, kann Episoden haben, in denen er unter Wahnsymptomen (z. B. Verfolgungswahn) und Halluzinationen (z. B. Hören von Stimmen, die nicht da sind) leidet. Es können auch Episoden auftreten, in denen der Betroffene wenig spricht, wenig Gefühle zeigt und sich zu nichts aufraffen kann. Es gibt schizophrene Symptome, die denen von Zwangshandlungen ähneln. Solche Symptome sind aber meistens bizarrer und ungewöhnlicher und gehen mit einem Realitätsverlust einher. Wenn sich beispielsweise jemand stundenlang wäscht, um Strahlung aus dem Universum abzuwaschen, wird ein Psychoseerkrankter diese Handlung für sinnvoll und notwendig halten, während ein Zwangserkrankter im Prinzip weiß, dass das stundenlange Waschen zu viel und übertrieben ist. Psychoseerkrankte halten auch trotz aller Gegenbeweise an ihren Wahnvorstellungen fest, sie sind für sie Realität. Zwangserkrankte erkennen dagegen in der Regel, dass ihre Zwangsgedanken unrealistisch sind.

Auch hinter diesem Begriff verbergen sich eine Reihe von Erkrankungen, die mit Zwangserkrankungen verwandt sind und mit ihnen einige Gemeinsamkeiten haben. Ticstörungen gehören dazu. Tics sind plötzlich auftretende, schnelle und nicht kontrollierbare Bewegungen oder Geräusche wie z. B. Blinzeln, Grimassieren, Räuspern oder Wiederholungen von Worten. Der Betroffene kann diese Tics nicht kontrollieren und auch nicht für eine längere Zeit unterdrücken. Von Zwangshandlungen unterscheiden sich Tics dadurch, dass Tics »grundlos« sind, während Zwangshandlungen »Katastrophen« verhindern oder Ängste verringern sollen. Eine weitere Krankheit, die zu den Zwangsspektrumsstörungen gehört, ist das zwanghafte Haareausreißen. Betroffene reißen sich die Haare aus, sie fühlen sich dabei wie unter einem Zwang und können kaum oder gar nicht Widerstand leisten. Im Unterschied zu Zwangserkrankten sagen aber viele Betroffene, dass sie das Haareausreißen selbst trotz allem damit verbundenen Leid auch als lustvoll erleben. Zwangserkrankte dagegen empfinden die Ausführung ihrer Zwangshandlungen nicht als lustvoll. Zu den Zwangsspektrumsstörungen gehören weitere Erkrankungen wie z. B. Essstörungen, krankhaftes Glücksspielen und Kaufsucht, die auch etwas »Zwanghaftes« haben, aber nicht zu den Zwangsstörungen im engeren Sinne gehören.

1.6 Noch mal das Wesentliche!

Eine Zwangserkrankung besteht aus Zwangsgedanken, Zwangshandlungen oder aus einer Mischung von beidem.

Zwangsgedanken sind Bilder, Gedanken oder Impulse, die aufdringlich immer wieder auftauchen. Sie lassen sich kaum ignorieren oder unterdrücken, sondern kommen immer wieder gegen den Willen des Betroffenen in den Sinn. Ein wichtiges Merkmal von Zwangsgedanken ist, dass sie nicht die wirkliche Meinung des Betroffenen widerspiegeln, im Gegenteil, sie werden als persönlichkeitsfremd, abscheulich oder auch abstoßend empfunden.

Zwangsgedanken haben eine unangenehme Wirkung, sie lösen Angst oder Unbehagen, Anspannung oder auch Ekel aus. Zwangshandlungen sind Verhaltensweisen, Handlungen oder auch Rituale, die jemand immer wieder und wieder tun »muss«. Der Betroffene fühlt sich unter einem starken inneren Druck, die Handlung auszuführen, obwohl er sie im Nachhinein als übertrieben und sinnlos ansieht. Widerstand ist sehr schwierig, auch wenn der Betroffene weiß, dass es langfristig viel besser wäre, zu widerstehen.

Man unterteilt Zwangshandlungen in offene (= sichtbare) und verdeckte (= unsichtbare, gedanklich durchgespielte) Handlungen.

Zwangshandlungen haben eine wichtige Wirkung: Sie sollen Katastrophen verhindern und unangenehme Gefühle wie Angst und Ekel verringern.

Es gibt viele verschiedene Arten von Zwangssymptomen, die im Laufe des Lebens auch wechseln können. Von normalem Verhalten, Marotten oder Gewohnheiten unterscheiden sich Zwangserkrankungen durch das Ausmaß und die Beeinträchtigung im Alltag. Der Übergang zwischen Alltagsverhalten und Zwangsstörung ist fließend.

Zu Beginn dieses Kapitels möchten wir Sie zunächst bitten, eine Vorstellungsübung mit uns zu machen, die Ihnen vielleicht erst mal etwas merkwürdig vorkommt. Stellen Sie sich Folgendes vor: Es war einmal ein Zwang, ein Kontrollzwang, genauer gesagt. Der Kontrollzwang wohnte jahrelang bei einer Frau und hatte es dort sehr gut. Wenn er etwas von ihr wollte, machte sie das. Eines Tages machte die Frau aber eine Verhaltenstherapie. Sie wurde dadurch so stark, dass sie ihm nicht mehr gehorchte und es ihm richtig ungemütlich wurde. Da sagte sich der Kontrollzwang: »In diesem Haus gefällt es mir nicht mehr. Ich will mir lieber was Neues suchen.« Er war also erst mal obdachlos. Er reiste herum und suchte ein neues Haus, in das er einziehen konnte. Eines Tages kam er bei Herrn Freitag vorbei, den Sie schon aus dem letzten Kapitel kennen. Da dachte er sich: »Oh ja, ich glaube, hier habe ich Chancen, eine neue Bleibe zu finden.« Und da er ein schönes Gastgeschenk mitgebracht hatte, verweigerte ihm Herr Freitag nicht den Einzug, obwohl ihm der Gast nicht willkommen war. Inzwischen wohnt der Kontrollzwang seit ungefähr acht Jahren bei Herrn Freitag und hat sich richtig gemütlich eingerichtet.

Der Zwang beim Einzug in das Haus von Herrn Freitag

Wieso, werden Sie sich fragen, hat sich der Kontrollzwang gerade Herrn Freitag ausgesucht? Was ist sein Gastgeschenk, dass er überhaupt einziehen konnte? Das sind Fragen zur Entstehung von Zwangsstörungen. Und wieso bleibt der Zwang da wohnen, auch wenn er eigentlich gar nicht willkommen ist – die Frage, warum Zwänge nicht einfach wieder verschwinden? Und schließlich auch, ganz wichtig: Was sind persönliche Schutzbausteine, die helfen können, den Zwang wieder loszuwerden?

- Wie entstehen Zwangsstörungen (2.1) oder warum zieht der Zwang gerade in dieses Haus ein? Und was ist sein Gastgeschenk?
- Wie bleiben Zwangsstörungen am Leben (2.2) oder warum zieht der Mitbewohner nicht wieder aus?
- Was hilft, dem Zwang Widerstand entgegenzusetzen (2.3), oder welche persönlichen Schutzbausteine helfen, den Mitbewohner wieder loszuwerden?
- Noch mal das Wesentliche! (2.4)

2.1 Wie entstehen Zwangsstörungen?

Wieso habe ich eigentlich Zwänge? Und wieso genau diese? Das sind Fragen, auf die viele Zwangserkrankte gern eine Antwort hätten. Hätten Sie eine Grippe, wäre die Antwort einfacher. Da könnte man sagen: »Es ist der Virus«, und jeder wäre zufrieden mit der Antwort. Pfiffige Menschen würden vielleicht noch sagen: »Nein, das wäre zu einfach. Es ist der Virus, und mein kranker Nachbar hat mich bei seiner Geburtstagsfeier angesteckt. Die Ursache für meine Grippe ist also der Virus in Kombination mit der Geburtstagsfeier!« Und besonders pfiffige Menschen gehen noch weiter: »Nein, das ist immer noch zu einfach. Wenn meine Abwehrkräfte gut wären, hätte ich mich bei der Feier nicht angesteckt. Es ist also der Virus in Kombination mit der Ansteckung bei der Geburtstagsfeier in Kombination mit meinem schlechten Immunsystem!« Sie sehen also, selbst bei einer Krankheit wie der Grippe kommen schnell viele Bausteine zusammen als Gründe, warum man erkrankt oder nicht erkrankt.

Bei Zwangserkrankungen ist es noch etwas komplizierter. Die Suche nach der alles erklärenden Ursache führt nicht weit. Wenn Sie an unsere Vorstellungsübung denken, stellen Sie sich die Entstehung von Zwängen besser wie einen Hausbau vor. Es müssen viele Risikobausteine zusammenkommen, damit ein Haus entsteht, in das ein Zwang gerne einzieht.

In diesem Kapitel wollen wir Ihnen allgemeine Informationen zu verschiedenen Risikobausteinen bei der Entstehung von Zwängen geben. Diese allgemeinen Bausteine wollen wir an zwei Beispielen verdeutlichen. Am Ende dieses Kapitels können Sie dann selbst mit Hilfe eines Arbeitsblattes Ihren Risikobausteinen auf die Spur kommen.

Mögliche Risikobausteine für die Entstehung von Zwangsstörungen

- Vererbung
- Erziehung
- belastende / prägende Lebensereignisse
- Persönlichkeit
- ungünstige Lebensumstände vor Beginn der Erkrankung
- biologische Faktoren

Vererbung

Die Vererbung spielt eine Rolle bei Zwangserkrankungen, allerdings nur eine kleine. Wenn ein Elternteil eine Zwangserkrankung hat, so haben die Kinder ein leicht erhöhtes Risiko, ebenfalls eine Zwangserkrankung zu bekommen. Und wenn ein Zwilling unter Zwängen leidet, so hat der andere Zwilling ebenfalls ein etwas höheres Risiko, an einer Zwangsstörung zu erkranken. Viele Zwillingspartner eines Zwangserkrankten bleiben aber auch gesund. Insgesamt ist der Einfluss der Gene nicht so bedeutend.

Vermutlich viel bedeutender ist eine andere, sozusagen »psychologische« Art der Vererbung. Man nennt sie auch Modelllernen. Kinder übernehmen die Zwangssymptomatik von ihren Eltern, indem sie die Zwänge gewissermaßen erlernen. Bei wem Modelllernen wirkt und bei wem nicht, lässt sich schwer voraussagen. Innerhalb derselben Familie kann ein Kind die Zwänge der Eltern »übernehmen«, während ein anderes davon völlig frei bleibt. »Mein Vater hat immer zehnmal kontrolliert, ob er alles richtig gemacht hat. Ich bin genauso, während mein Bruder ganz anders ist. Der ist schon fast nachlässig.« Solche oder ähnliche Aussagen findet man öfter bei Zwangserkrankten.

Die psychologische Vererbung leitet über zu dem nächsten Baustein, der Erziehung.

Erziehung

Sind die Eltern schuld? Eine Frage, mit der sich viele Eltern von zwangserkrankten Kindern herumquälen. Natürlich nicht! Die Erziehung kann ein Baustein sein, manchmal auch ein großer

Baustein, aber nie der einzige. Jeder Mensch wird durch seine Erziehung beeinflusst, in seinen Eigenschaften und auch in seinen Wertmaßstäben. Eltern unterscheiden sich darin, was sie ihrem Kind durch die Erziehung mitgeben, und auch, wie sie es ihrem Kind mitgeben. Und jedes Kind reagiert wieder anders auf die Erziehung und den Erziehungsstil der Eltern. Es ist also gar nicht so leicht, allgemeine Aussagen zu treffen.

Ein insgesamt eher ungünstiger Erziehungsstil besteht in hohen Leistungserwartungen und zu großer Strenge. Wenn die Ansprüche der Eltern sehr hoch sind, Pflichterfüllung groß geschrieben wird, Fehler nicht passieren dürfen und immer hart bestraft werden, auch wenn es sich nur um ganz kleine Versehen handelt, können Kinder dauerhaft verunsichert und verängstigt werden. Sie gehen dann später genauso streng mit sich selbst um, werden perfektionistisch und tun alles, um Fehler zu vermeiden. Ähnlich nachteilig kann auch ein überängstlicher Erziehungsstil sein, wenn Kinder übermäßig beschützt und wenig dazu ermutigt werden, eigene Erfahrungen zu machen. Auch diese Menschen trauen sich später wenig zu und haben große Angst, Fehler zu machen. Zwangserkrankte berichten außerdem häufig, dass ihnen zu Hause die Wärme gefehlt habe. Die Eltern hätten materiell gut für die Kinder gesorgt, aber liebe Worte oder eine gelegentliche Umarmung hätten gefehlt. Oder ein mitfühlendes Ohr für kindliche Sorgen, so dass die Kinder alles mit sich alleine ausmachen mussten. Ungünstig kann es auch sein, wenn im Elternhaus alles immer harmonisch aussehen muss und Konflikte unter den Teppich gekehrt werden. Oder wenn übertrieben darauf geachtet wird, was die Nachbarn sagen. Wenn es also viel wichtiger ist, was andere wollen und denken, als was man selbst will und denkt. Dann kann sich leicht ein angepasster

Mensch entwickeln, der gar nicht weiß, was gut für ihn selbst ist, sondern sich immer anderen unterordnet.

Insgesamt muss man aber feststellen, dass das, was die Eltern ihren Kindern vermitteln, selten eindeutig nur gut oder nur schlecht ist. Pflichtbewusstsein zum Beispiel ist in unserer Gesellschaft in vielen Bereichen eine wertvolle Eigenschaft. Ein Mann mit Ordnungszwängen sagte einmal: »Ich bin meinen Eltern einerseits dankbar dafür, dass sie auf Ordnung und Pflichterfüllung geachtet haben. Das hat mir im Beruf immer sehr viele Pluspunkte gebracht. Andererseits haben sie es aber oft auch übertrieben.« Und eine Frau mit einem Waschzwang meinte: »Meine Mutter war eine Superhausfrau. Bei uns konnte man vom Fußboden essen. Meine Schwestern fanden das übertrieben, aber für mich war sie immer ein Vorbild. Ich habe ihre Wertmaßstäbe übernommen. Bloß jetzt ist es bei mir irgendwie ausgeartet. Ich kann überhaupt nicht mehr aufhören mit dem Putzen.«

Belastende / prägende Lebensereignisse

Wie können belastende und prägende Lebensereignisse ein Baustein bei der Entstehung von Zwangserkrankungen sein? Frau Ebert zum Beispiel musste als Kind am Ende des Zweiten Weltkrieges mit ihren Eltern und Geschwistern flüchten. In den ersten Jahren nach der Flucht war die Familie sehr arm und wohnte zu fünft in einem ganz kleinen Zimmer. Nach diesen Erfahrungen war es Frau Ebert lange vor Beginn der Zwangserkrankung sehr wichtig, dass sie sich in ihrem Zuhause wohl fühlte. Die Befürchtung, Fussel in die Wohnung zu bringen, und die Wasch- und Reinigungszwänge, um die Wohnung von Fusseln zu befreien, sind sicher durch die Erfahrungen nach der

Flucht beeinflusst. Frau Herbert, die fürchtete, ihr Baby mit dem Messer zu erstechen, hatte vor längerer Zeit eine Fehlgeburt gehabt und sich immer gefragt, ob sie etwas falsch gemacht haben könnte. Sie hatte große Angst, eine schlechte Mutter zu sein. Eine besondere Risikosituation besteht auch, wenn Eltern sich auseinander leben, sich geradezu hassen, die Trennung einleiten und dann jeder versucht, die Kinder auf seine Seite zu ziehen und den anderen Elternteil zu verdammen. Für das Kind entsteht eine unlösbare Konfliktsituation – der Boden für eine Reihe sofortiger oder späterer seelischer Störungen wie eben auch der Zwangsstörung.

Andere Zwangserkrankte berichten vom Tod naher Familienangehöriger oder Freunde, furchtbaren Hänseleien in der Kindheit durch Klassenkameraden oder sexuellen Übergriffen bis zur Vergewaltigung durch bekannte oder fremde Personen. Es können aber auch harmlos aussehende Ereignisse belastend sein. Frau Lehmann mit den Ängsten, dass ihrer Familie etwas zustoßen könnte, erinnert sich, dass sie mit zehn Jahren in der Zeitung eine Geschichte gelesen hatte, in der die Schwester einer Frau Krebs bekommen hatte. Kurz danach kam ihr beim Weglegen eines Pullovers plötzlich der Gedanke: »Meine Schwester könnte ja auch Krebs bekommen!« Da bekam sie große Angst. Sie musste den Pullover noch einmal hervorholen und wieder weglegen, ohne diesen Gedanken zu denken. Erst nachdem das geglückt war, hörte die Angst auf.

Persönlichkeit

Die Persönlichkeit, die ja auch durch die Erziehung und durch belastende und prägende Lebensereignisse geprägt wird, spielt häufig eine wichtige Rolle bei der Entstehung von Zwangserkrankungen. Sie beeinflusst die Art der Zwänge, die entwickelt werden. Denken Sie an das Beispiel mit der Super-Hausfrau-Mutter: Kann ein Waschzwang bei jemandem einziehen, dem Sauberkeit völlig egal ist? Klingt nicht logisch, oder? Jemand mit einem Waschzwang wäscht ja so viel, weil er Befürchtungen hat, dass etwas nicht sauber genug ist. Jemand, dem Sauberkeit völlig egal ist, wird kaum diese übertriebenen Befürchtungen entwickeln. Allgemein kann man feststellen, dass bestimmte Eigenschaften und Wertmaßstäbe zu bestimmten Zwängen passen. Der Ordnungszwang fühlt sich eher willkommen bei jemandem, der von Natur aus ordentlich ist. Der Waschzwang zieht eher in ein Haus von sauberen Personen ein, der Kontrollzwang eher bei den Ängstlichen und den Perfektionistischen. Bei anderen Zwängen ist es genau umgekehrt. Aggressive Zwangsgedanken treten eher bei den sanften Menschen auf, allein weil sich ein sanfter, wenig aggressiver Mensch über aggressive Gedanken viel mehr erschrecken wird als ein aggressiver, gewaltbereiter Mensch. Ein Mensch mit aggressiven Zwangsgedanken hat zum Beispiel Befürchtungen, jemanden mit dem Messer zu erstechen. Die Gedanken kommen immer wieder gegen seinen Willen in seinen Kopf. Jetzt stellen Sie sich mal einen echten »Berufs-Messerstecher« vor. Glauben Sie, der würde darunter leiden, wenn er daran denkt, dass er jemanden erstechen wird?

Ist es denn schädlich, ordentlich und gründlich zu sein, werden Sie jetzt vielleicht ganz erschrocken fragen. Das kann man so natürlich auch nicht sagen. Wenn Sie in Urlaub fliegen, ist es Ihnen wahrscheinlich lieber, wenn der Pilot einmal mehr die Instrumente kontrolliert, statt zu sagen: »Ach was, der letzte Flug ging gut, es wird auch dieses Mal wieder gut gehen. Das komische Geräusch beim letzten Mal kam sicher vom Bordfernseher.« Es kommt also darauf an, dass die Gründlichkeit zu den Anforderungen der Lebenssituation passt. Ein Kollege von uns, Ortwin Meis, sagte einmal zu einem Menschen, der unter seiner Gründlichkeit litt: »Sie liefern immer einen Rolls-Royce, auch wenn nur ein VW-Käfer geordert wird.« Gründlichkeit ist eine wertvolle Eigenschaft, wenn man selbst bestimmen kann, wie gründlich man sein möchte.

Das waren nun einige Eigenschaften und Wertmaßstäbe, die zu bestimmten Zwängen passen. Und wenn Sie weiter überlegen, werden Ihnen sicher noch viele Beispiele einfallen. Es gibt noch andere Eigenschaften, die unabhängig von einem speziellen Zwang ein Risikofaktor sein können. Vor allem, wenn sie stark ausgeprägt sind. Eine hohe Ängstlichkeit ist ein Risikofaktor, ein sehr geringes Selbstbewusstsein ein weiterer. Perfektionismus und Angst vor Fehlern sind nicht nur Risikofaktoren für Kontrollzwänge, sondern auch für andere Zwänge. Große Schüchternheit und große Empfindlichkeit gehören auch dazu, ebenso übergroße Angepasstheit und fehlendes Durchsetzungsvermögen. Diese Eigenschaften haben negative Auswirkungen, die selbst wiederum zum Risikofaktor werden können, doch davon mehr beim nächsten Punkt.

Ungünstige Lebensumstände vor Beginn der Erkrankung

Risikobausteine in der Lebenssituation vor Beginn der Erkrankung gibt es verschiedene. Wenn jemand wenige oder gar keine Freunde hat, einsam ist und mit seiner Freizeit nichts anzufangen weiß, kann ein Zwang, der schon vor der Tür steht, eher einziehen. Was ist sein Gastgeschenk? Beschäftigung, Ablenkung von der Einsamkeit; der Zwang kann wie ein Ersatzfreund sein, mit dem man sich zwar immer streitet, der aber immerhin Gesellschaft bietet. Wenn jemand arbeitslos wird, kann ein Zwang eine Aufgabe, ein Job sein, der einem sogar Selbstbestätigung bieten kann, wenn man ihn gut erledigt. Hat man ständig Streit mit einem Verwandten oder Partner, so kann der Zwang eine unbewusste Waffe im Kampf mit diesen sein (vgl. Familie Witt, Kap. 4.1). Ein Zwang kann auch Schutz bieten, Schutz vor Überforderung zum Beispiel, wenn jemand Angst hat zu versagen und aufgrund der Zwänge nicht arbeiten kann. Die Gastgeschenke sind oft schwer zu finden, weil man sie in der Regel nicht bewusst angenommen hat, aber wenn man lange genug sucht, kann man sie meistens aufspüren.

Biologische Faktoren

Biologische Faktoren können bei Zwangserkrankungen eine Rolle spielen, auch wenn dabei vieles noch unklar ist. In Untersuchungen, die sich mit dem Stoffwechsel des Gehirns beschäftigten, stellte sich heraus, dass bestimmte Gebiete im Gehirn von Zwangserkrankten stärker durchblutet sind als bei Nichterkrankten und dass der Stoffwechsel in diesen Gebieten erhöht ist. Warum das so ist und wie genau dies mit Zwangssymptomen zusammenhängt, ist noch nicht bekannt. Ob diese Veränderungen (Mit-)Ursache oder eine Folge der Erkrankung sind, ist ebenfalls noch nicht bekannt. Interessant ist, dass sich diese Veränderungen im Gehirn durch Medikamente oder durch eine Verhaltenstherapie normalisieren können! Bestimmte Medikamente, die in den Gehirnstoffwechsel eingreifen, können bei Zwangserkrankungen helfen (siehe dazu Kap. 5.5).

Sie haben nun eine Reihe von Risikobausteinen kennen gelernt. Diese Bausteine können sich auch gegenseitig beeinflussen. Manche überschneiden sich, manche kann man schlecht voneinander trennen. Man kann sicher sagen, je mehr Risikobausteine einer hat, desto ungünstiger ist es. Aber Bausteine erklären nicht alles. Manche Menschen haben viele Risikobausteine und sind gesund, andere Menschen leiden unter einer Zwangserkrankung und finden bei sich keinen einzigen Baustein.

Sehen wir uns die Bausteine zweier Personen mal konkret an:

Die Bausteine von Herrn Freitag

Herr Freitag, ein jetzt zweiundfünfzigjähriger kaufmännischer Angestellter, wuchs mit seinen beiden jüngeren Schwestern in einer kleinen Stadt auf. Sein Vater war eine Respektsperson, sehr streng mit hohen Ansprüchen an sich selbst und andere. Im Beruf – er war Elektriker – war er sehr geschätzt, weil er Arbeiten immer perfekt erledigte. Seine Werte waren: Ordentlichkeit, Pünktlichkeit, Zuverlässigkeit, Gründlichkeit. In diesem Sinne erzog er auch seine Kinder. Für Herrn Freitag war er in vielem ein Vorbild. Ob es denn auch Dinge gegeben habe, die er an seinem Vater nicht so geschätzt habe, wurde Herr Freitag gefragt. »Na ja«, sagte Herr Freitag nach einigem Überlegen, »er war schon sehr streng, besonders zu mir, weil ich der Älteste und der einzige Sohn war. Ich weiß noch, dass ich als Kind oft Angst hatte, wenn ich mal eine nicht so gute Zensur nach Hause brachte, weil es dann so schreckliche Strafen gab. Und ich hätte mir öfter mehr Ermutigung gewünscht. Er hat immer gesagt: ›Fehler dürfen nicht passieren!‹ Wenn ich mir bei etwas unsicher war, hat er es mir aus der Hand genommen und lieber selbst gemacht.« Die Mutter von Herrn Freitag war Hausfrau. Sie war sensibel, liebevoll und immer für die Kinder da. Dem Vater hat sie sich untergeordnet. Schon in der Schule war Herr Freitag sehr sorgfältig bei seinen Hausaufgaben, kontrollierte lieber zweimal als einmal, ob alles richtig war. Vor Autoritätspersonen wie dem Lehrer hatte er Angst. Gegenüber den Klassenkameraden war er schüchtern und zurückhaltend, er hatte aber immer ein, zwei gute Freunde. Nach der Schule machte Herr Freitag eine kaufmännische Lehre. Danach fand er Arbeit in einer Papierfabrik und musste u.a. Warenein- und -ausgänge kontrollieren. In seinem Beruf war er sehr geschätzt, auch wenn manche Kollegen fanden, dass er übertrieben ordentlich und gründlich war. Wenn er Fehler übersehen hatte, ging ihm das sehr zu Herzen, manchmal tagelang, auch wenn der Fehler minimal gewesen war. Die Zwangserkrankung fing bei Herrn Freitag schleichend an. Im Rückblick stellte Herr Freitag fest, dass er erste Schwierigkeiten hatte, als sein Kollege in Rente ging. Da wurden nämlich Abteilungen zusammengelegt und umgestellt, und Herr Freitag bekam einen neuen Aufgabenbereich mit viel Verantwortung dazu. Er konnte sich nicht so gründlich einarbeiten, wie er es gern getan hätte. Er war oft unsicher, auch wenn der Chef sehr mit ihm zufrieden war. Er konnte abends schlecht abschalten. Er machte sich häufig Sorgen, ob er etwas übersehen haben könnte. Immer öfter machte er Überstunden, weil er lieber noch mal alles überprüfen wollte. Eine Zwangserkrankung, sagt er, habe er da noch nicht gehabt, aber vielleicht schon so eine Art Vorläufer. Schlimm wurde es, als der alte Chef in Rente ging und sein Sohn den Betrieb übernahm. Der wollte alles modernisieren und stellte die ganze Verwaltung auf Computer um. Herr Freitag hatte Schwierigkeiten, sich darauf einzustellen, vor allem auch, weil alles so unter Zeitdruck lief. Einmal beschwerte sich ein Kunde beim Juniorchef über eine falsche Lieferung, die Herr Freitag zu verantworten hatte. Der Junior stellte Herrn Freitag daraufhin vor allen Mitarbeitern zur Rede. Herr Freitag konnte vor lauter Scham gar nichts sagen und war hinterher völlig geknickt. Seitdem kontrollierte er lieber alles zehnmal, um zu verhindern, dass ihm so etwas noch einmal passierte. Er wurde nicht mehr fertig mit seinen Aufgaben, was dem Sohn schließlich auch auffiel. Herr Freitag bekam immer mehr Angst, seine Arbeit nicht zufrieden stellend zu erledigen. Vor lauter Anspannung machte er zusätzliche Fehler und musste immer mehr kontrollieren, ein richtiger Teufelskreis. Er wurde immer unsicherer. Das übertrug sich schließlich auch auf den häuslichen Bereich: Herd, Elektrogeräte, Wasserhähne, immer musste er kontrollieren, damit nichts Schreckliches passiert, weil er etwas übersehen hat.

Herr Freitag füllt das Arbeitsblatt mit den Bausteinen aus. Manchmal ist er unsicher, wo genau er einen Baustein einordnen soll, weil sich dieser bei mehreren Überschriften einordnen lässt. Dann beschließt er, ihn mehrmals hinzuschreiben.

»Mensch«, denkt Herr Freitag, »da kommt ja einiges zusammen bei mir. Und wenn ich schon dabei bin, überlege ich mir gleich mal die Gastgeschenke, die der Zwang mir mitgebracht hat.« Er überlegt: »Ich war so verunsichert. Sicherheit! Sicherheit und auch Schutz, das ist es, was der Zwang mir geboten hat.« »Lieber Herr Freitag«, hat der Zwang gesagt, »du bist schrecklich verunsichert. Mach, was ich dir sage, und du wirst dich wieder sicherer fühlen. Und ich werde dich vor Fehlern, vor Kritik durch den Chef und durch die Kunden beschützen.« Herr Freitag denkt: »Ja, bei meiner Art, bei meiner Unsicherheit und

Ängstlichkeit, da hat er ja genau das richtige Gastgeschenk gehabt.« Herr Freitag wird etwas traurig, als ihm das alles so deutlich wird. Aber gleichzeitig ist er auch zufrieden über das, was er über sich und seine Zwangserkrankung herausgefunden hat.

Risikobausteine und Gastgeschenke von Herrn Freitag

Vererbung – Gene	*nicht dass ich wüsste*
Vererbung – psychologisch	*Vater kontrollierte alles dreimal*
Erziehung	*erzogen, ordentlich und gründlich zu sein, strenge Erziehung, manchmal zu wenig Ermutigung, Fehler dürfen nicht passieren*
belastende / prägende Lebensereignisse	*neuer Aufgabenbereich mit viel Verantwortung, Sohn des Chefs wird neuer Chef, Umstellung auf Computer*
Persönlichkeit	*(zu) ordentlich, zu große Angst vor Fehlern, schüchtern, Angst vor Autoritätspersonen; mache mir oft Sorgen; achte nicht genug auf Ausgleich und Erholung, kann schlecht abschalten*
Ungünstige Lebensumstände vor Beginn der Erkrankung	*Druck am Arbeitsplatz, Umstellung auf Computer, Angst vor dem Chef-Sohn, viel Verantwortung, Überforderung*
 Gastgeschenke	*Schutz vor Kritik, Schutz vor Fehlern, Sicherheit*

Sehen wir uns nun an, wie es bei Frau Clemens ist.

Frau Clemens ist 35 Jahre alt. Zu ihren Eltern und ihrer Schwester ist das Verhältnis immer sehr gut gewesen. Es gab natürlich ab und zu Streit, aber im normalen Rahmen. Insgesamt hatte sie eine glückliche Kindheit. Nach der Schule machte sie eine Ausbildung zur Hauswirtschafterin und hat weiter in diesem Beruf gearbeitet. Anfang 20 lernte sie ihren jetzigen Mann kennen, mittlerweile sind sie seit zehn Jahren glücklich verheiratet, wie sie sagt. Als Frau Clemens 27 Jahre alt war, wurde sie krank. Sie litt unter starker Übelkeit und Erbrechen, Tag für Tag, so dass sie nicht mehr arbeiten konnte. Sie ging zu vielen Ärzten, die sie von oben bis unten untersuchten, aber nichts finden konnten. Sie machte sich große Sorgen, dass sie eine schwerwiegende Krankheit haben könnte. Ein Arzt sagte schließlich, dass ihre Symptome psychisch seien. Sie antwortete, sie wisse nicht, warum, ihre Ehe sei glücklich, sie habe einen netten Freundeskreis und einen Beruf, der ihr Spaß mache. Aber irgendwie hatte sie den Eindruck, dass der Arzt ihr nicht so recht glaubte. Ein Nachbar ließ mal durchblicken, dass sie sich wohl vor der Arbeit drücken wolle. Das verletzte sie sehr, sie mochte ihren Beruf, und die Übelkeit war nun wirklich nicht eingebildet. Zwei Jahre dauerte es insgesamt, bis endlich ein Arzt die richtige Idee hatte. Sie litt an einer seltenen Erkrankung, hervorgerufen durch Viren – oder waren es Bakterien? Jedenfalls bekam sie die richtigen Medikamente und nach zwei Monaten ging es ihr dann endlich wieder besser. Kurz danach las sie in einer Zeitschrift einen Artikel über unsichtbare Bakterien, Viren und Keime. Sehr informativ, aber auch sehr beunruhigend! Wie viele Krankheiten man sich doch durch Bakterien, Viren und Keime zuziehen konnte, zum Teil auch sehr bedrohliche Krankheiten, für die es noch gar keine Behandlungsmöglichkeiten gibt. Nach dem Lesen des Artikels achtete Frau Clemens sehr darauf, was sie anfasste. Sie fing an, sich nach dem Einkaufen gründlich die Hände zu waschen, die eingekauften Sachen abzuwischen und sich dann nochmals die Hände zu waschen. Weil das immer länger dauerte, entschied sie sich eines Tages, beim Einkaufen Handschuhe zu tragen. Außerdem beunruhigte sie, dass ihr Ehemann Keime und Bakterien in der Wohnung verteilen könnte, wenn er von der Arbeit kam. Seine Erklärung, dass ein bestimmtes Maß an Keimen und Bakterien völlig ungefährlich sei, beruhigte sie nicht. Sie bat ihn, sich gründlich zu waschen. Weil er sie nicht so leiden sehen wollte, tat er ihr den Gefallen und wusch sich gründlich die Hände, bevor er in der Wohnung umherlief.

Auch Frau Clemens setzt sich an einem ruhigen Nachmittag hin und überlegt sich ihre Bausteine.

Hinterher denkt Frau Clemens noch mal über das nach, was sie jetzt aufgeschrieben hat. »Ja, die Zeit mit der Krankheit, als noch keiner wusste, was es war, die war wirklich schlimm. Die Sorgen und die Ungewissheit, nicht zu wissen, wie es weitergeht. Wie war ich froh, als das überstanden war. Damit hat der Zwang mich gekriegt. Schutz hat er mir geboten, Schutz vor schlimmen Krankheiten. Dieses Gastgeschenk habe ich wirklich dringend gebraucht nach meiner schlimmen Krankheit und der Angst, dass ich nie wieder gesund werde.«

Risikobausteine und Gastgeschenke von Frau Clemens

Vererbung – Gene	*glaube nicht*
Vererbung – psychologisch	*nichts*
Erziehung	*normal*
belastende / prägende Lebensereignisse	*schlimme Krankheit, wusste lange nicht, was ich habe, damit verbundene Ängste und Sorgen; Arzt + Nachbar, die dachten, ich bilde mir das nur ein, Artikel über bedrohliche Krankheiten*
Persönlichkeit	*bin seit meiner Krankheit ängstlicher in Bezug auf meine Gesundheit*
Ungünstige Lebensumstände vor Beginn der Erkrankung	*meine schlimme Krankheit*
Gastgeschenke	*Schutz vor schlimmen Krankheiten, Gefühl der Sicherheit*

Sie sehen, Frau Clemens und Herr Freitag haben zwar beide einen Zwang, aber ihre Bausteine sehen ganz verschieden aus. Und Frau Clemens hat sehr viel weniger Bausteine gefunden als Herr Freitag. Bei Herrn Freitag wird außerdem deutlich: Einige Risikobausteine hat er schon ganz lange, trotzdem war er lange Jahre zwangsfrei. Er war so ordentlich und gründlich, wie es sein Chef gern hatte, bis es irgendwann zu viel wurde. Es gibt eine alte marokkanische Redensart von dem Strohhalm, der dem Kamel den Rücken bricht. Bei Herrn Freitag trifft das zu. Lange ging alles gut, obwohl er schon belastet war und einige kleine Anzeichen auftauchten. Richtig schlimm wurde es durch den Chefwechsel. Da erst brach die Krankheit aus – oder der Rücken durch.

Abschließend sei noch mal gesagt, dass die Risikobausteine von Mensch zu Mensch unterschiedlich sind. Meistens findet man welche, aber nicht immer, es gibt auch Zwangserkrankte, die trotz sorgfältiger Suche nichts gefunden haben. Und es gibt andere, gesunde Menschen, die haben so viele Risikobausteine, dass man sich fragen könnte, warum sie keine Zwangserkrankung haben.

Nachdem Sie nun einiges darüber erfahren haben, wie sich eine Zwangsstörung entwickelt oder – um bei unserem Bild zu bleiben – warum der Zwang als Mitbewohner einzieht, und Sie vielleicht schon Ideen haben, was auf Ihrem persönlichen Arbeitsblatt stehen wird, sind Sie vielleicht neugierig zu erfahren, wie es weitergeht. Warum der Mitbewohner also nicht auszieht, obwohl er unerwünscht ist, ja sich sogar immer mehr breitmacht, bis er und nicht mehr Sie Herr im Hause ist. Damit werden wir uns im nächsten Kapitel beschäftigen.

Arbeitsblatt 2: Risikobausteine und Gastgeschenke

Vererbung – Gene	....
Vererbung – psychologisch	....
Erziehung	....
Persönlichkeit	....
Ungünstige Lebensumstände vor Beginn der Erkrankung	....
Gastgeschenke	....

Sehen wir uns zuerst einmal an, wie es im Haus von Herrn Freitag aussieht.

Der Haushalt von Herrn Freitag

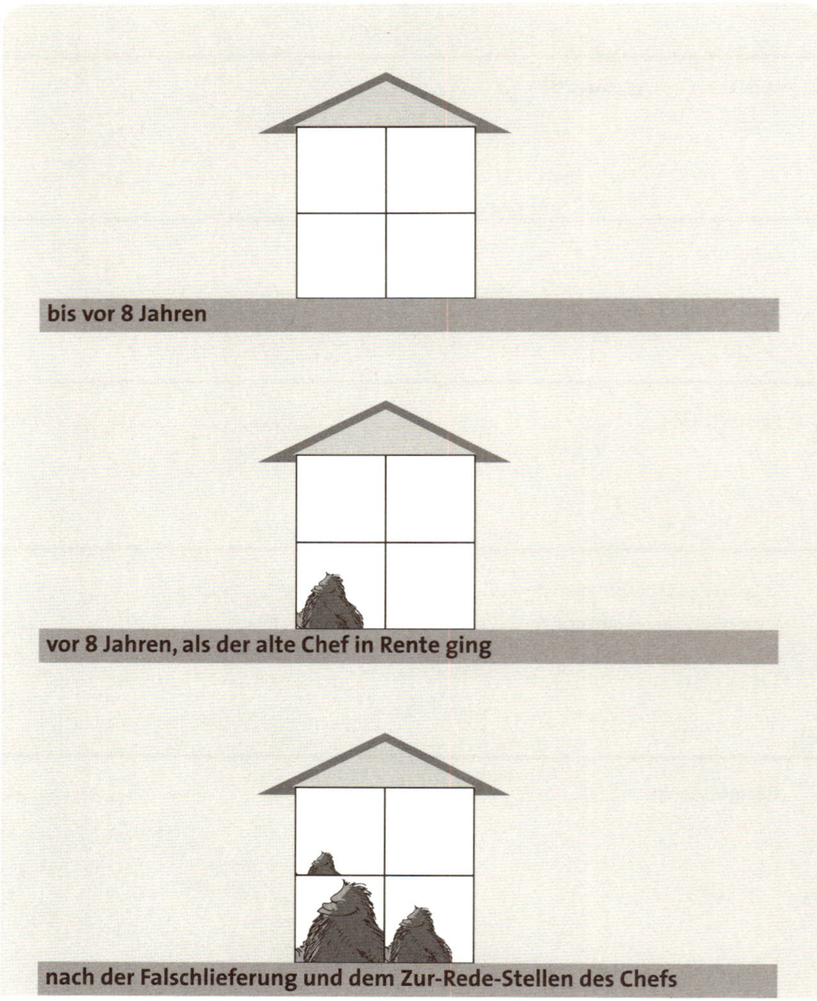

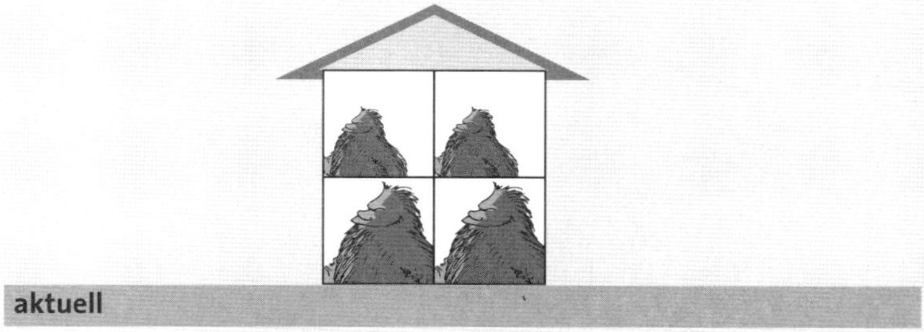

Wie Sie sehen, ist Herr Freitag schon lange nicht mehr Herr in seinem Haus. Der Zwang hat sich richtig schön ausgebreitet, Herr Freitag hat nur noch ein Eckchen auf dem Dachboden. Wenn der Zwang einen Befehl erteilt, dann springt Herr Freitag. Der Zwang hat es richtig gut bei Herrn Freitag. Aber warum macht Herr Freitag das mit? Warum schmeißt er den ungeliebten Mitbewohner nicht einfach hinaus? Ja, so einfach ist das leider nicht. Der Zwang zahlt nämlich Miete, und Herr Freitag fühlt sich auf diese Miete dringend angewiesen. Was bedeutet das nun genau? Schauen wir uns einfach ein »inneres Gespräch« an, wie es zwischen Herrn Freitag und seinem Zwang typisch ist. Das Gespräch fand am letzten Samstag statt. Herr Freitag wollte nach dem Frühstück im Garten arbeiten, seine Frau war zum Einkaufen gefahren.

Herr Freitag im Gespräch mit seinem Zwang

Zwang: »Bist du dir eigentlich wirklich sicher, dass du den Warenausgang 535 richtig überprüft hast? Stand wirklich die richtige Adresse auf dem Paket? Wenn da nun eine falsche Hausnummer steht, dann kommt die Lieferung wieder zurück und der Kunde ist sauer. Und der Chef ist erst recht sauer. Der hat dich sowieso schon im Visier. Fahr lieber noch einmal kurz zur Arbeit und kontrolliere das Lieferbuch. Dann bist du sicher und beruhigt. Dann schimpft dein Chef nicht. Dann sind die Kunden zufrieden. Und du kannst mit dir zufrieden sein. War es wirklich die richtige Nummer? Ich an deiner Stelle würde lieber nachsehen.«

Herr Freitag: »Ich habe doch zehnmal kontrolliert. Obwohl ... Aber nein ... ich habe alles richtig gemacht! Ich weiß es.«

Zwang: »Bist du wirklich sicher? Denk doch mal an letzten Donnerstag. Da warst du auch sicher, und hättest du nicht auf mich gehört, hättest du einen Fehler übersehen, und dann wäre die Lieferung an den Falschen gegangen. Und dann wäre der Kunde furchtbar wütend geworden. Und dann hätte der Chef furchtbar geschimpft.«

Herr Freitag: »Ja, das stimmt schon. Aber ich weiß doch eigentlich, dass ich alles richtig gemacht habe. Obwohl ... es war schon gegen Abend und vielleicht war ich nicht so ganz mit voller Aufmerksamkeit dabei.«

Zwang: »Siehst du! Fahr doch noch schnell mal hin. Einmal ist keinmal, und es dauert ja nicht lange. Schau nach und es geht dir wieder gut. Das gibt dir Sicherheit. Überprüf alles und dann kannst du den Rest des Wochenendes entspannt verbringen. Wenn du noch mal kontrollierst, weißt du, dass du alles richtig gemacht hast. Und du weißt, dass der Chef Montag nicht schimpfen wird.«

Herr Freitag: »Ja, du hast schon Recht. Das ganze Wochenende daran denken zu müssen. Die Angst, einen Fehler gemacht zu haben. Die Zweifel, die Anspannung. Und Montag dem Chef gegenübertreten zu müssen. Einerseits weiß ich, dass es Unsinn ist, noch mal zur Arbeit zu fahren, weil ich irgendwie weiß, dass alles in Ordnung ist. Aber andererseits ... ich fahre lieber noch mal und kontrolliere zur Sicherheit. Ich komme mir zwar blöd vor, aber ich halte es nicht aus, hier zu bleiben und mir Sorgen zu machen.«

Wie Sie an diesem Beispiel sehen, ist der Kontrollzwang bei Herrn Freitag eine Methode zur Gewinnung von Sicherheit und Schutz vor Fehlern. Das zwanghafte Kontrollieren nimmt Herrn Freitag die Sorgen, die Anspannung und die Befürchtungen. Das ist die Miete, die der Zwang an Herrn Freitag zahlt. Dass Herr Freitag insgesamt ein schlechtes Geschäft macht, ist klar. Er handelt sich dafür viele Nachteile in anderen Bereichen ein: Er wird wieder nicht zur Gartenarbeit kommen, seine Frau wird ihn fragen, warum, sie wird sauer werden, er wird sich Vorwürfe machen. Die Nachteile sind Herrn Freitag bewusst. Trotzdem weiß er sich nicht anders zu helfen. Er leistet zwar Widerstand, lässt sich nicht so schnell überzeugen, aber irgendwann hat der Zwang ihm zu viel Angst gemacht. Er ist mürbe geworden und gibt nach.

Sehen wir uns zur Verdeutlichung als zweites Beispiel den »Haushalt« von Frau Clemens an.

Der Haushalt von Frau Clemens

Wie könnte ein »inneres Gespräch« bei Frau Clemens aussehen?

Frau Clemens im Gespräch mit ihrem Zwang

Frau Clemens: »Soll ich jetzt wirklich schon wieder diese Waschorgie starten? Eigentlich könnte ich mir doch lieber nur einmal die Hände waschen wie früher vor der Krankheit.«

Zwang: »Willst du noch mal die Zeiten durchmachen, als du so lange krank warst und nicht wusstest, was du hast? Willst du wirklich das Risiko eingehen, wieder eine unbekannte und gefährliche Krankheit zu bekommen? Willst du wirklich qualvoll und lange leiden? Wasch dir lieber gründlich die

Hände, das kostet zwar ein bisschen Zeit, aber dafür bist du auch sicher vor neuen Krankheiten. Wasch dir die Hände, und du weißt, dass es dir nicht wieder so schlecht gehen wird wie damals, als du so lange krank warst und nicht wusstest, was los ist. Wasch dich, und ich gebe dir Schutz vor den zahllosen Viren, Bakterien und Keimen, die es überall gibt.«

Auch Frau Clemens wird mürbe und gibt nach. Und nachdem sie die ganzen Wasch- und Reinigungsprozeduren hinter sich gebracht hat, sagt der Zwang noch einen Satz. Einen Satz nur, aber der ist ganz wichtig: »Wie gut, dass du auf mich gehört hast, sonst hättest du sicher eine gefährliche und qualvolle Krankheit bekommen!«

Bei Frau Clemens besteht die Miete darin, dass der Zwang Sicherheit und Schutz vor Krankheiten verspricht. Er nimmt Anspannung und Sorgen und gibt Sicherheit und Erleichterung. Auch Frau Clemens weiß, dass es Unsinn ist, so viel zu waschen, aber sie hat zu viel Angst, um es zu unterlassen, besonders nach den Erfahrungen mit ihrer Krankheit. Bei Frau Clemens war das »innere Gespräch« übrigens viel schneller beendet als bei Herrn Freitag. Sie ließ sich viel schneller überzeugen und leistete viel weniger Widerstand. Sie hatte mehr Angst als Herr Freitag. Besonders raffiniert ist das letzte Argument vom Zwang, das, was er nach dem Waschen und Reinigen sagt – finden Sie nicht auch? Wie soll man das widerlegen?

An den Beispielen von Herrn Freitag und Frau Clemens wird deutlich, warum Zwänge in der Regel nicht einfach wieder verschwinden. Wenn Sie selbst Ihren lästigen Mitbewohner wieder loswerden wollen, so ist es sehr wichtig, dass Sie der Miete, die Ihr Zwang zahlt, auf die Spur kommen. In der folgenden Übersicht nennen wir zur Spurensuche beispielhaft weitere Gründe für »Mietzahlungen«. Wir unterscheiden dabei zwischen Miete, die direkt mit dem Zwang verbunden ist, und Miete, die eher mit der eigenen Person und Lebenssituation zusammenhängt.

Miete, die eher direkt mit dem Zwang verbunden ist:

- Risiko verringern/verhindern von Katastrophen (z. B. Brand, Überschwemmung, andere Schäden im Haushalt)
- Risiko verringern, eine schlimme Krankheit zu bekommen
- Risiko verringern, schuld zu sein, dass andere eine schlimme Krankheit bekommen
- Risiko von Fehlern oder Verlusten verringern
- Vertrauen und Zuversicht stärken (abergläubische, Glück bringende Rituale)
- gutes Gefühl/Zufriedenheit (z. B. wenn alles exakt geordnet ist oder alles blitzsauber ist)
- ...

Miete, die eher mit der eigenen Person und Lebenssituation zusammenhängt:

- Ablenkung von Einsamkeit oder anderen unangenehmen Gefühlen
- Jobersatz/selbst erfundene Beschäftigungstherapie bei zu viel Leere oder Langeweile
- Schutz vor Konflikten
- Ablenkung von Erinnerungen an schmerzliche Erlebnisse
- Strafe, wenn jemand meint, Schuld auf sich geladen zu haben
- Schutz davor, von anderen missachtet oder angegriffen zu werden
- Schutz davor, maßlos zu werden

Wie Sie sehen, gibt es viele verschiedene Mietarten. Vielleicht finden Sie Ihren Zwang und Ihre Miete in der Übersicht wieder, vielleicht sieht es bei Ihnen aber auch ganz anders aus. Es ist wichtig, dass jeder die eigenen Mietzahlungen herausfindet, weil diese einen Hinweis geben, welche Bereiche verändert werden sollten, damit Zwänge dauerhaft aus dem eigenen Haus ausziehen. Manche Veränderungen sind leichter umzusetzen, manche schwerer. Manche kann man allein umsetzen, für manche braucht man therapeutische Unterstützung. Wir werden darauf noch genauer in Kapitel 3 zurückkommen. An dieser Stelle möchten wir Sie jedoch schon bitten, anhand des Arbeitsblattes zu überlegen, welche Miete bei Ihnen eine Rolle spielen könnte.

Arbeitsblatt 3: Miete

Miete, die eher direkt mit dem Zwang verbunden ist

....

....

....

....

....

....

Miete, die eher mit der eigenen Person und Lebenssituation zusammenhängt

....

....

....

....

....

....

....

Bevor man einen unerwünschten Mieter aus dem eigenen Haus vertreibt – eine Aktion, die nicht ganz einfach ist –, ist es wichtig, sich Gedanken zu machen, was einem dabei helfen kann, erfolgreich zu sein, sich also zu fragen: Was sind meine Schutzbausteine? Genauer: Was sind meine Stärken, was sind Eigenschaften von mir, die hilfreich sein können? Was habe ich für Fähigkeiten, und was für Schutzbausteine gibt es in meiner Umgebung?

Fragen wir zuerst einmal Herrn Freitag, was er für persönliche Schutzbausteine gefunden hat.

Schutzbausteine von Herrn Freitag

Eigenschaften	*Ordentlichkeit* *Gründlichkeit* *Durchhaltevermögen*
Fähigkeiten / Hobbys	*Gartenarbeit, kann mich dabei gut entspannen* *Mitglied in einer Theatergruppe*
Schutzbausteine in der Umgebung	*Ehefrau, die zu mir hält und die mich unterstützt* *netter Freundeskreis*

Sie werden sich vielleicht wundern, warum Herr Freitag Ordentlichkeit und Gründlichkeit auf sein Arbeitsblatt geschrieben hat, denn diese Eigenschaften stehen doch schon bei den Risikobausteinen. Aber er hat Recht: Ordentlichkeit und Gründlichkeit werden ihm helfen, einen Übungsplan zu erstellen, der gut durchdacht und gut geplant ist. Auch das Durchhaltevermögen wird Herrn Freitag helfen, den Zwang loszuwerden. Und wozu ist die Gartenarbeit gut? Diese ist in zweierlei Hinsicht nützlich: Erstens wird Herr Freitag viel mehr Zeit haben, wenn er den Zwang loswird, er schätzt so ca. drei Stunden am Tag. Es ist wichtig, diese Zeit mit etwas anderem zu füllen, damit der Zwang sich nicht wieder ausbreitet (dazu mehr in Kapitel 3). Gartenarbeit ist dafür gut geeignet, ebenso nimmt der nette Freundeskreis Zeit in Anspruch und die Theatergruppe, die Herr Freitag bei »Schutzbausteine in der Umgebung« eingetragen hat. Der zweite Vorteil der Gartenarbeit liegt darin, dass Herr Freitag sich dabei wunderbar entspannen, abschalten und wieder Freude empfinden kann. Dadurch kann er neue Kräfte sammeln.

Sehen wir uns auch noch an, welche Schutzbausteine Frau Clemens für sich gefunden hat.

Schutzbausteine von Frau Clemens

Eigenschaften	*Gesundheit* *lasse mich nicht so leicht unterkriegen* *selbstbewusst* *gesellig*
Fähigkeiten / Hobbys	*Seidenmalerei* *interessiere mich für Computer*
Schutzbausteine in der Umgebung	*Ehemann, der Verständnis hat, mir aber* *auch sagt, dass ich was ändern soll Ehemann und* *ich können gut miteinander reden (meistens)* *Verwandtschaft, die zu mir steht und mich unterstützt*

Frau Clemens fiel als Erstes ihre Gesundheit bei den Schutzbausteinen ein. Bis auf die eine schlimme Krankheit war sie immer sehr gesund, und sie dachte, dass das eine gute Ausgangsbasis ist, weil der Zwang ihr da nicht so viel einreden kann. Für sie ganz wichtig ist außerdem die Unterstützung durch den Ehemann, der ihr sagt, dass sie sich ändern soll und ihr Mut macht, dass sie es schaffen kann. Auch die Unterstützung durch die Verwandtschaft ist für sie ein wertvoller Schutzbaustein.

Arbeitsblatt 4: Schutzbausteine

Eigenschaften ....
....
....
....
....
....
....

Fähigkeiten /
Hobbys ....
....
....
....
....
....
....

Schutzbausteine in der Umgebung
....
....
....
....
....
....

Zwangserkrankungen sind nicht auf eine einzige Ursache zurückzuführen. Häufig findet man verschiedene Risikobausteine aus verschiedenen Bereichen: genetische und »psychologische« Vererbung, Erziehung, belastende und prägende Lebensereignisse, Persönlichkeit, ungünstige Lebensumstände vor Beginn der Erkrankung und biologische Faktoren. Die Risikobausteine können bei verschiedenen Menschen unterschiedlich kombiniert sein; meistens findet man welche, aber es gibt auch Zwangserkrankte, die trotz sorgfältiger Suche keine gefunden haben. Sind Zwänge erst mal da, verschwinden sie oft nicht von selbst. Sie zahlen sozusagen »Miete«, die von Mensch zu Mensch unterschiedlich ist. Eine häufige Miete besteht darin, dass Zwänge Gefühle von Sicherheit und Schutz vor Gefahren bieten. Will man Zwänge wieder loswerden, so ist es wichtig, die eigenen Schutzbausteine gut zu kennen. Sie helfen, die Kräfte für den Widerstand gegen den Zwang zu mobilisieren.

In diesem Kapitel geht es darum, was Sie tun können, damit die Zwänge weniger werden, oder – um wieder in unserem Bild zu bleiben – wie stelle ich es an, dass der ungebetene Hausgast nicht mehr so viele Räume in meinem Haus belegt und vielleicht irgendwann auch sagt: »Hier gefällt es mir nicht mehr, ich ziehe ganz aus!«

Frau Clemens und Herr Freitag werden uns wieder begleiten. Beide hatten sich entschieden, ihre Zwänge zum Auszug zu bewegen, und für beide hat sich die Mühe gelohnt. Es gibt aber auch Zwangserkrankte, die feststellen, dass die Anstrengungen, den Mitbewohner zu vertreiben, in keinem Verhältnis zu den Vorteilen stehen, und die sich daher entschieden haben, dass momentan eine Therapie gegen die Zwänge nicht das Richtige für sie ist. Sie werden nach dem Lesen dieses Kapitels in jedem Fall besser beurteilen können, was auf Sie zukommt an Anstrengungen, aber auch an Belohnungen, wenn Sie diese Mühen auf sich nehmen.

So geht es in diesem Kapitel weiter: Wir nehmen zuerst Zwänge genau unter die Lupe, machen eine Feinanalyse. Diese genaue Untersuchung brauchen wir nachher für die Therapieplanung. Dann folgt die Bestimmung der Therapieziele. Danach können Sie mit Ihrer eigenen Therapie starten. Erwartungsgemäß tauchen nach dem Start Fragen und Schwierigkeiten auf. Mit den häufigsten werden wir uns beschäftigen. Und in Kapitel 5 können Sie sich informieren, was Sie machen können, wenn Sie allein nicht weiterkommen.

Wie immer gibt es einen Überblick über die Abschnitte dieses Kapitels:

- Feinanalyse: Zwänge unter der Lupe (3.1)
- Festlegen der Therapieziele (3.2)
- Start (3.3)
- Häufige Fragen und Schwierigkeiten und wie man damit umgeht (3.4)
- Noch mal das Wesentliche! (3.5)

Wenn Sie sich schon entschieden haben, Ihr eigener Therapeut zu werden, dann ist es sehr nützlich, wenn Sie als Vorbereitung die Arbeitsblätter aus Kapitel 2 und Kapitel 3 ausgefüllt haben, also folgende Arbeitsblätter:

- Checkliste – meine eigenen Zwangssymptome (S. 25)
- Risikobausteine und Gastgeschenke (S. 61)
- Miete (S. 70)
- Schutzbausteine (S. 73)

3.1 Feinanalyse: Zwänge unter der Lupe

Mit Hilfe des Arbeitsblattes »Checkliste – meine eigenen Zwangssymptome« haben Sie schon einen Überblick über Ihre Zwangssymptome bekommen. Jetzt werden wir diese noch genauer unter die Lupe nehmen. Das ist die Feinanalyse. Dafür ist es wichtig, einige Begriffe kennen zu lernen und den Zwangssymptomen zuzuordnen. Machen wir das wieder an einem Beispiel:

Herr Freitag muss einen wichtigen Brief abschicken. Immer wieder drängen sich Befürchtungen auf, dass er einen Fehler übersehen haben könnte. Darum muss er den Brief immer wieder durchlesen. Das wiederholte Durchlesen haben Sie sofort richtig als Zwangshandlung erkannt, die sich aufdrängenden Befürchtungen als Zwangsgedanken. Was auch gleich deutlich wird: Zwischen den Zwangsgedanken und den Zwangshandlungen besteht ein Zusammenhang. Ohne die Zwangsgedanken würden Herrn Freitag die Zwangshandlungen gar nicht notwendig erscheinen. Oder anders formuliert: Die Zwangsgedanken sind Auslöser für die Zwangshandlungen. In diesem Beispiel muss aber noch etwas hinzukommen, um Zwangshandlungen auszulösen: der Brief. Wir finden bei Herrn Freitag als Auslöser also den realen Brief in Kombination mit Befürchtungen (Zwangsgedanken), einen Fehler übersehen zu haben. Das wiederholte Durchlesen des Briefes, die Zwangshandlung, ist dann eine Bewältigung dieser Ängste und Befürchtungen. In der nachfolgenden Abbildung werden diese Zusammenhänge noch mal deutlich. Sie sehen den Auslöser – in diesem Beispiel der Brief in Kombination mit Zwangsgedanken – und die ansteigende Kurve der unangenehmen Gefühle und Gedanken, begleitet von Körperreaktionen wie Anspannung, Schwitzen etc. Das wiederholte Durchlesen (Durchführen der Zwangshandlungen) bewirkt, dass diese Kurve wieder nach unten absinkt – nur wenn der Zwang extreme Formen angenommen hat, gelingt dies erst nach Stunden oder gar nicht mehr.

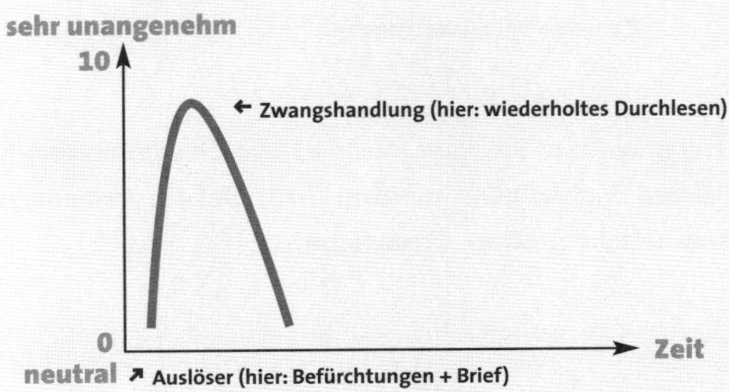

Aber Herr Freitag hat noch andere Strategien, um mit den unangenehmen Gefühlen und Körperreaktionen umzugehen. Neulich sollte er auch einen Brief durchlesen, und er hatte wenig Zeit. Da dachte er sich: »Bevor ich so viel Zeit verliere, frage ich einen Arbeitskollegen, ob der ihn noch einmal durchlesen könnte. Ich sage ihm einfach, ich hätte meine Brille vergessen.« Wie können wir das einordnen? Herr Freitag ging den Auslösern (Brief und Zwangsgedanken) einfach aus dem Weg. Er hat also die Konfrontation mit den Auslösern vermieden. Sehen wir uns die entsprechende Abbildung an: Sie sehen, die Kurve mit den unangenehmen Gefühlen kann gar nicht ansteigen, weil sie schon beim Entstehen gestoppt wird.

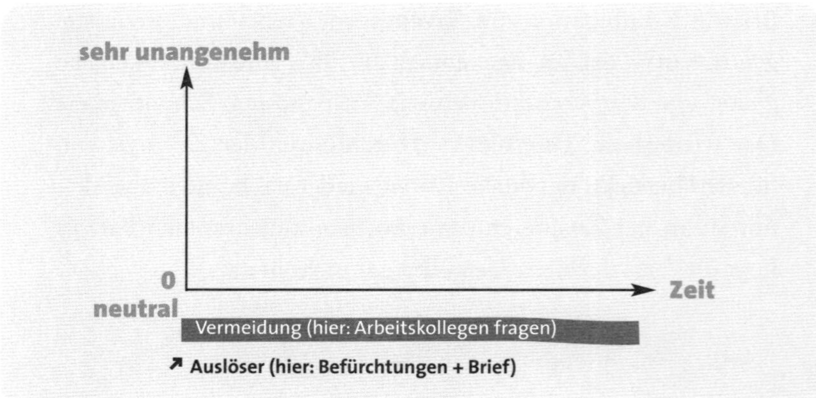

Herr Freitag fängt an, seine Auslöser, die Zwangshandlungen und deren Vermeidung auf dem Arbeitsblatt »Feinanalyse: Zwänge unter der Lupe« einzutragen.

Zwänge unter der Lupe – Feinanalyse von Herrn Freitag

Vermeidung	Auslöser (real / Zwangsgedanken)	Zwangshandlung – Bewältigung
▫ *Hinterher Kollegen fragen, ob er den Brief noch mal durchlesen kann* ▫ *Sekretärin bitten, den Brief zu schreiben und abzuschicken*	*Brief an Firma Knöpfle + Zwangsgedanken (könnte einen Rechtschreibfehler übersehen haben → Kunde storniert den Auftrag → Chef ist wütend → werde vor allen abgekanzelt → große Schande)*	*11 Mal durchlesen*
▫ *Kollegen Tabelle machen lassen* ▫ *Lehrling soll noch mal Berechnungen überprüfen*	*Tabelle mit Bestellungen der Firma Fischer (am Computer erstellt) + Zwangsgedanken (könnte etwas falsch berechnet haben → falsche Bestellung → großer Verlust für die Firma → fristlose Kündigung für mich → große Schande)*	*Dreimal nachrechnen von Hand, einmal anderes Ergebnis, dann noch mal viermal nachrechnen, dann mit Taschenrechner nachgerechnet, vertippt, wieder nachrechnen ... insgesamt fünfzehn Mal nachgerechnet*

Bei dem zweiten Beispiel auf dem Arbeitsblatt wird noch ein Problem von Herrn Freitag deutlich. Das Nachrechnen mit der Hand soll ja eigentlich der Beruhigung dienen, aber beim Rechnen entwickelt Herr Freitag wieder neue Befürchtungen und Ängste, sich verrechnet zu haben. Darum muss er mehrmals nachrechnen. Die unangenehme Kurve sinkt also nicht einfach nach der Zwangshandlung, sondern hat noch mehrere Zacken.

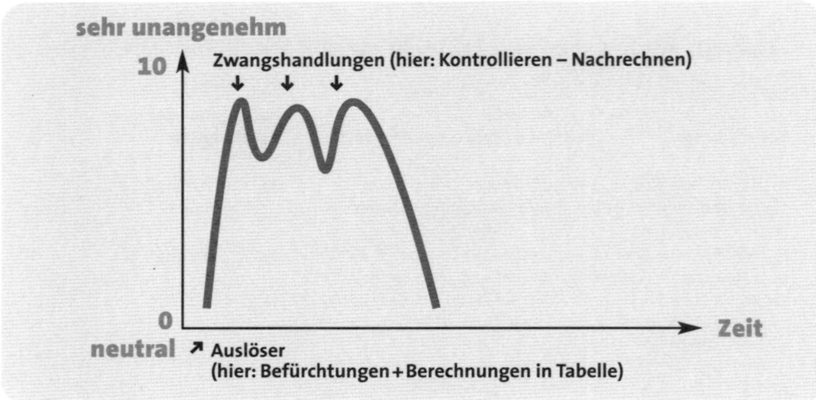

Während Herr Freitag das Arbeitsblatt ausfüllt, wird ihm noch etwas klar: Er spannt sein Umfeld ganz schön ein! Bei der Arbeit sind es die Kollegen, der Lehrling und die Sekretärin, die, ohne dass sie es wissen, Hilfe leisten bei den Zwangshandlungen. Zu Hause ist es vor allem seine Frau, die mit einbezogen wird. Wenn beide zusammen weggehen, tritt Herr Freitag schon mal vor die Haustür, während seine Frau noch einmal kurz durch die Wohnung geht und dann die Tür abschließt. Früher, als er diesen letzten Gang durch die Wohnung machte, brauchte er immer sehr viel Zeit dafür, wurde immer gestresster und seine Frau immer ungeduldiger, was ihn noch mehr stresste. Bei Einladungen kamen sie immer öfter zu spät. Schließlich hatten sie beide besprochen, dass seine Frau den letzten Gang macht und die Verantwortung dafür übernimmt, dass in der Wohnung alles in Ordnung ist. Für Herrn Freitag war das zwar eine gute Lösung, aber beim Ausfüllen des Arbeitsblattes kommt ihm der Gedanke, dass der Zwang sich wahrscheinlich freut, dass er nicht nur Macht über Herrn Freitag hat, sondern ein bisschen auch über seine Frau.

Sehen wir uns jetzt noch an, wie das Arbeitsblatt von Frau Clemens aussieht.

Zwänge unter der Lupe – Feinanalyse von Frau Clemens

Vermeidung	Auslöser (real / Zwangsgedanken)	Zwangshandlung – Bewältigung
▫ *Mann einkaufen lassen (geht nur Samstags)* ▫ *Beim Einkaufen Handschuhe tragen* ▫ *Mit den Handschuhen möglichst wenig eigene Sachen berühren* ▫ *Nur in Plastik verpackte Lebensmittel einkaufen* ▫ *Zu Hause: im Flur Handschuhe ausziehen, Sachen im Flur abstellen*	*Geld anfassen beim Einkaufen → Zwangsgedanken, sich zu infizieren → Bilder, wie sie todkrank im Bett liegt*	▫ *Hände gründlich waschen (30 Minuten)* ▫ *Alles, was mit Handschuhen in Berührung kam, wenn möglich in der Waschmaschine waschen* ▫ *Eingekaufte Sachen abwischen* ▫ *Wieder Hände gründliche waschen (30 Minuten)*

Und die dazugehörige Kurve sieht so aus:

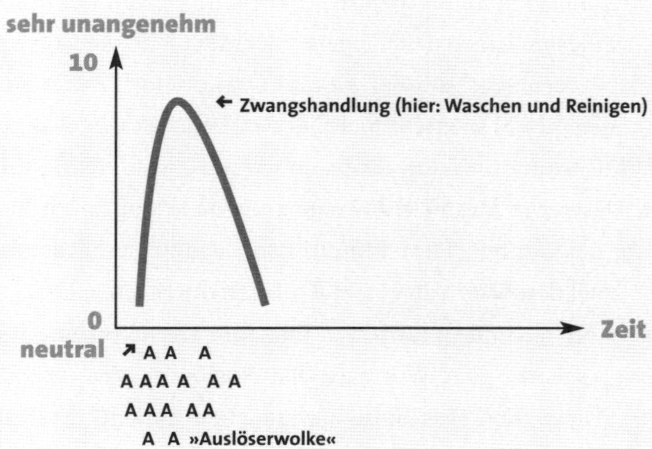

Vergleicht man die Arbeitsblätter von Frau Clemens mit denen von Herrn Freitag, so wird deutlich, dass bei beiden normale Handlungen ausufern und dadurch zum Problem werden. Frau Clemens hat aber noch ein weiteres Problem, nämlich dass ein Auslöser schnell zu einer »Auslöserwolke« wird. Man kann sich das wie Radioaktivität vorstellen. Wenn Geld radioaktiv wäre, so wäre es gefährlich, dieses anzufassen. Wenn radioaktive Hände den eigenen Mantel berühren, so wäre der Mantel danach ebenfalls radioaktiv verseucht oder, wie man auch sagt, kontaminiert. Kontamination bedeutet Verseuchung mit gefährlichen Stoffen. Bei Radioaktivität ist die Kontamination zudem für uns Menschen unsichtbar, was besonders bedrohlich ist. Wenn uns ein vertrauenswürdiger Mensch erzählen würde, dass ein Tisch radioaktiv kontaminiert ist, so würden wir schnell die Flucht ergreifen, auch wenn wir die Radioaktivität nicht sehen, hören oder riechen können. Die Unsichtbarkeit von Viren und Bakterien macht es auch so schwierig für Frau Clemens, sie unter Kontrolle zu halten. Wenn sie einkaufen geht, kann sie potenziell alles infizieren. Bei richtiger Radioaktivität gibt es wenigstens noch den Geigerzähler, der piept, wenn etwas radioaktiv verseucht ist. Bei Kontamination mit Zwangserkrankungen gibt es so etwas nicht. Frau Clemens weiß also nie, wo überall Kontamination droht und wann etwas richtig sauber ist. Deswegen kann sie Zwänge auch nicht gut durch Vermeidung bekämpfen. Herr Freitag kann das besser, indem er zum Beispiel den Brief von einem Kollegen durchsehen lässt.

Bevor Sie sich nun dransetzen und Ihre eigene Feinanalyse machen, noch ein paar Worte zu den Auslösern, der unangenehmen Kurve, den Bewältigungsversuchen und der Vermeidung. Bei Herrn Freitag haben Sie die Kombination von realen

Auslösern (Brief, Bestellung) mit Zwangsgedanken kennen gelernt. Bei Frau Clemens haben Sie gesehen, dass Auslöser auch in einer Kombination von realen Auslösern mit zwanghaft sich aufdrängenden Bildern bestehen können. Auslöser können auch nur aus realen Dingen bestehen, ohne dass Gedanken oder Bilder sie begleiten. Beispielsweise kann ein schief liegender Bleistift ganz große Unruhe auslösen, bis er wieder exakt gerade hingelegt wurde. Was diese unangenehmen Gefühle und Körperreaktionen auslöst, kann von Mensch zu Mensch aus ganz unterschiedlichen Elementen zusammengesetzt sein, wie ein Cocktail. Zutaten können Angst, Ärger, Ekel, Traurigkeit allein oder gemixt sein, außerdem Anspannung, Unruhe, Nervosität und körperliche Symptome. Bei manchen Menschen sind im Cocktail die einzelnen Zutaten gut zu erkennen, bei anderen Menschen überhaupt nicht, sie wissen nur, dass es ein sehr unangenehmer Cocktail ist.

Wir haben gesehen, dass Zwangshandlungen für die Betroffenen Bewältigungsversuche zum Abbau dieser unangenehmen Empfindungen sind. Bei Herrn Freitag und Frau Clemens waren die Zwangshandlungen sichtbar, aber wie schon im zweiten Kapitel erwähnt, können sie auch im Kopf stattfinden, wenn jemand zum Beispiel im Bus sitzt und im Geiste noch mal den Herd kontrolliert. Es gibt auch Menschen, bei denen keine Zwangshandlungen auftreten, weil sie die Auslöser ganz vermeiden. Herr Möller beispielsweise verspürt in der Öffentlichkeit stets den Impuls, ein peinliches Wort laut herauszurufen, und geht daher nur noch nachts nach draußen. Zu den Bewältigungsversuchen der unangenehmen Empfindungen können natürlich auch noch andere Strategien eingesetzt werden, z. B. übermäßiger Alkoholkonsum oder Beruhigungstabletten. Wenn Sie dazu neigen, sollten Sie sich an Ihre Ärztin oder Ihren Arzt wenden und gemeinsam überlegen, ob Alkohol- oder Beruhigungsmittelprobleme zuerst behandelt werden sollten, bevor Sie mit der Therapie der Zwänge anfangen.

Auch bei der Vermeidung haben Sie gesehen, dass diese Strategie ganz unterschiedlich aussehen kann. Es gibt die komplette Vermeidung, wenn man dem Auslöser ganz aus dem Weg gehen kann. Sie ist meistens nicht schwer zu entdecken. Es gibt aber sehr viel trickreichere Formen der Vermeidung. Wenn man sich etwa bei Kontrollzwängen geschickt, ohne dass die anderen es merken, vordrängelt, um nicht als Letzter aus dem Raum zu gehen, dann überlässt man die Verantwortung, ob abgeschlossen ist, den Kollegen und geht Auslösern für Zwänge aus dem Weg. Oder wenn man bei Waschzwängen anderen den Vortritt lässt, damit diese beim Türöffnen die Türklinke berühren und nicht man selbst. Es ist wichtig, auch diesen trickreichen Vermeidungen auf die Spur zu kommen. Andernfalls können sie so weit ausufern, dass schließlich im Haushalt der nichtzwangskranke Partner alle Zwänge ausführt, um dem Betroffenen zu helfen, sei es aus Mitleid, sei es, weil der Betroffene es immer heftiger fordert. Ein Freund dieses Ehepaares könnte sogar denken, dass mit der gesunden Person »irgendetwas nicht stimmt«.

Sie sehen also, wie unterschiedlich Zwangserkrankungen und der Umgang damit von Mensch zu Mensch sein können. Deswegen ist es auch so wichtig, dass Sie Ihre eigene Feinanalyse machen. Das Ziel besteht darin, dass Sie Ihre Auslöser, Ihre Bewältigungs- und Ihre Vermeidungsstrategien genau kennen lernen, damit Sie später gut Ihre Therapie planen können.

Am besten nehmen Sie sich Zeit zum Ausfüllen des Arbeitsblattes und gehen den heutigen und die letzten Tage in Gedanken durch. Wo waren Zwänge? Wodurch wurden sie ausgelöst? Haben Sie vermieden? Nehmen Sie möglichst Zwänge, die Sie momentan belasten und an denen Sie etwas ändern möchten. Sie müssen nicht alle auf einmal analysieren. Oft fallen einem später weitere Beispiele ein, wenn sie gerade aktuell sind. Die können Sie dann auf Ihren Zettel schreiben. Wenn Sie so viele verschiedene Zwänge haben wie Frau Clemens, dann setzen Sie sich ein Ziel, wie viele Seiten mit Beispielen Sie ausfüllen wollen, und bedenken Sie, dass Sie nicht alle Zwänge aufschreiben können. Wenn ein Blatt Papier nicht reicht, dann nehmen Sie mehrere. Wichtig ist, dass Sie die Struktur Ihrer Zwänge erkennen.

Sie sind am Ziel, wenn es Ihnen wie Herrn Freitag ergeht. Als er nämlich kontrollieren wollte, ob er die Kaffeemaschine wirklich ausgemacht hatte, dachte er: »Ah ja, das ist jetzt eine Zwangshandlung. Was ist der Auslöser? Die Kaffeemaschine in Kombination mit meinen Katastrophengedanken, dass ich schuld bin, wenn das Haus abbrennt. Und was wäre jetzt Vermeidung gewesen? Ah ja, wie gestern. Da habe ich meinen Sohn gefragt, ob er nicht Lust hätte, uns beiden eine schöne Tasse Kaffee zu kochen, ich würde dann schon mal den Tisch decken. Mein Sohn hat sich nichts dabei gedacht, aber von mir war diese Arbeitsteilung schon gezielt geplant, dass ich nicht an die Kaffeemaschine muss.« Und er freute sich, dass ihm die Analyse seines Verhaltens allmählich immer leichter fiel.

Arbeitsblatt 5: Zwänge unter der Lupe – Feinanalyse

Vermeidung	Auslöser (real / Zwangsgedanken)	Zwangshandlung – Bewältigung

Nachdem Sie Ihre eigene Feinanalyse gemacht haben, folgt als nächster Schritt die Festlegung der Therapieziele. »Keine Zwänge mehr haben, ist doch klar!«, ruft Herr Freitag. Warum das als Ziel in dieser Form nicht ausreicht, zeigt die folgende kleine Geschichte:

Es ist Januar und bitterkalt. Jeder schimpft über das Wetter. Lotte Maier und Lieschen Müller haben Glück. Es dauert nicht mehr allzu lang, bis sie Urlaub haben. Im März ist es so weit. Beide überlegen, was sie in dieser Zeit machen wollen. Lotte Maier sagt: »Ich will nicht zu Hause sein.« Lieschen Müller sagt: »Ich will vierzehn Tage auf den warmen Malediven verbringen, schön baden und mich in einem Hotel verwöhnen lassen.« Was meinen Sie, bei wem wird der Urlaub eher klappen? Bei Lotte Maier, die nur weiß, was sie nicht will, oder bei Lieschen Müller, die schon recht konkrete Vorstellungen hat, was sie will? Sie ahnen die Antwort sicher schon. Die Tage gehen ins Land. Lotte Maiers Gedanken kreisen um das schlechte Wetter in Deutschland und darum, dass sie den Urlaub auf keinen Fall hier verbringen will. Lieschen Müller hat sich dagegen im Reisebüro über Angebote informiert. Sie hat die Kosten durchgerechnet und gemerkt, dass sie sich vierzehn Tage Malediven nicht leisten kann, höchstens eine Woche. Die Dame im Reisebüro hatte aber noch eine andere Idee: zwei Wochen Kuba, die wären nicht so teuer und auf Kuba sei es auch schön warm. Lieschen Müller hat nachgedacht und sich für vierzehn Tage Kuba entschieden. Dann hat sie die Reise gebucht und sich einen Reiseführer über Kuba gekauft. Sie freut sich jetzt auf ihren Urlaub. Am 6. März fliegt sie los.

Was hat Lieschen Müller im Vergleich zu Lotte Maier richtig gemacht? Der Ausgangspunkt war bei beiden der gleiche, nämlich schlechtes Wetter in Deutschland und der Wunsch, im März Urlaub zu machen. Lotte Maier wusste die ganze Zeit, was sie nicht will, und ist dabei stehen geblieben. Lieschen Müller dagegen hat sich überlegt, was sie will, und dann ihre Planung gestartet, Schritt für Schritt. Während der Vorbereitungszeit hat sie neue Informationen bekommen (Kosten der Reise) und daraufhin ihr Reiseziel geändert. Nun kann sie sich auf ihren Urlaub freuen.

Dieses Beispiel können Sie gut auf Ihre Therapie übertragen. Es ist wichtig, Ziele so konkret und genau wie möglich festzulegen. Und es ist wichtig, Ziele positiv (was Sie erreichen wollen) statt negativ (was Sie nicht wollen) zu formulieren. Ein positives und konkretes Ziel für Herrn Freitag wäre zum Beispiel: »Einen Brief lese ich einmal durch, bevor ich ihn abschicke«, ein negatives und vages Ziel wäre: »Ich will nicht mehr so viel kontrollieren«. Und es gibt noch einen Grund, warum es wichtig ist, konkrete Therapieziele aufzuschreiben. Stellen Sie sich vor, Sie wollen eine Diät machen. Im Rahmen dieser Diät erlauben Sie sich etwas Schokolade am Abend. Wann bestimmen Sie die Menge Schokolade – morgens nach dem Frühstück oder abends, wenn Sie ausgehungert sind und eine leckere Tafel Sie anlacht? Natürlich bestimmen Sie die Menge besser morgens, dann kann der Verstand die richtige Menge überlegen. Und abends können Sie dann an dieser Abmachung mit sich selbst leichter festhalten. Wenn Sie ausgehungert entscheiden, wie viel Schokolade Sie sich gönnen, hat der Selbstbetrug ein leichtes Spiel mit Ihnen.

Bevor Sie mit der Therapie starten, ist es also wichtig, konkrete und positive Therapieziele festzulegen. Wenn Sie die Arbeitsblätter in den vorangegangenen Kapiteln ausgefüllt haben und besonders auch das Arbeitsblatt »Zwänge unter der Lupe – Feinanalyse«, haben Sie bestimmt schon eine mehr oder weniger genaue Vorstellung, was Sie in welchen Bereichen ändern wollen. Das wird Ihnen die Aufgabe erleichtern, konkrete Therapieziele zu überlegen und aufzuschreiben. Es kann auch hilfreich sein, den Partner oder andere vertraute Menschen, die von Ihrer Erkrankung mit betroffen sind, um ihre Mithilfe beim Überlegen zu bitten (s. Kap. 4). Außenstehende, die einen gut kennen und zu denen man Vertrauen hat, können sehr gute Anregungen geben, weil sie einerseits mit betroffen sind, andererseits aber einen anderen Blickwinkel haben.

Um die Übersicht zu behalten, wollen wir die Therapieziele unterteilen: Therapieziele, die direkt mit dem Zwang verbunden sind, und Therapieziele, die eher mit der Lebenssituation zusammenhängen.

3.2.1 Therapieziele – Zwang

Herr Freitag sitzt an seinem Schreibtisch, vor ihm liegen zwei fast leere Blätter Papier. Auf das eine hat er »Entwurf« geschrieben, auf das andere »Meine Therapieziele – Zwang«. Er will sich Zeit nehmen, um in Ruhe seine Therapieziele zu überlegen und aufzuschreiben, erst mal auf dem Schmierzettel, damit er auch Ideen aufschreiben und umändern kann. Außerdem liegen da einige Arbeitsblätter – ausgefüllt – mit der Überschrift »Feinanalyse: Zwänge unter der Lupe«. Hören wir Herrn Freitag zu, wie er laut vor sich hindenkt. »Also, meine Feinanalyse hat ergeben, dass ich den Brief an Firma Knöpfle insgesamt elfmal durchgelesen habe. Das soll weniger werden. Halt! Zu ungenau. Also: Ich will normal kontrollieren. Aber was heißt ›normal‹? Ist mein Nachbar Heinz normal, der immer lachend erzählt, wie seine Ehefrau schimpft, ob er eine eigene Rechtschreibreform erfunden hat? Oder Herr Körner, der Nachbar auf der anderen Seite, der immer damit angibt, dass alles von ihm Geschriebene mit einem Fünf-Sterne-Rechtschreibprogramm des Computers geprüft wird, bevor er es ausdruckt?« Herrn Freitag wird beim Nachdenken zweierlei klar. Erstens: Es kommt auf die Maßstäbe der Betreffenden an. Heinz sieht es nicht so eng mit der Rechtschreibung, Herr Körner dagegen fühlt sich schon unwohl, wenn er mit einem ungeprüften Einkaufszettel auf den Markt geht. Herr Freitag selbst hat eher hohe Maßstäbe, was Ordnung und Gründlichkeit betrifft. Zweitens: Es kommt auf den Bereich und die Risiken an. Wenn nicht viel passieren kann, muss man nicht so viel kontrollieren, wenn mehr auf dem Spiel steht, sollte man gründlicher sein. Nun hat Herr Freitag schon mal eine grobe Orientierung. Er geht seine Beispiele auf dem Arbeitsblatt »Feinanalyse: Zwänge unter der Lupe« durch und überlegt sich, in welchen Bereichen er gründlicher kontrollieren muss und in welchen auch eine lockere Kontrolle ausreicht. Rechtschreibfehler in Briefen an die Firma Knöpfle sind z. B. nicht so schlimm wie Rechenfehler in Briefen an den Präsidenten des Papierverbands. Als Therapieziel überlegt er sich, dass er Briefe an die Firma Knöpfle und ähnliche Kunden nach dem Schreiben einmal durchlesen will, mehr nicht. Und so geht er seine Beispiele durch, überlegt sich, wie er es in Zukunft machen will, und schreibt das auf. Als er alles fertig hat, ist er sehr zufrieden mit sich.

Auch Frau Clemens überlegt sich, was eigentlich »normale«

Sauberkeit ist. Sie fängt an, ihre Bekannten zu interviewen. Schnell wird ihr deutlich, dass diese ganz unterschiedliche Maßstäbe haben. Dann kommt ihr eine gute Idee: »Früher war ich doch mit mir zufrieden, wie ich alles sauber gemacht habe. Meine Sauberkeitsmaßstäbe fand ich in Ordnung. Und da möchte ich wieder hinkommen. Diese Maßstäbe kann ich also gut als Orientierung nehmen.«

3.2.2 Therapieziele – eigene Person und Lebenssituation

Im Kapitel 2.2 haben wir uns damit beschäftigt, warum Zwänge nicht einfach wieder verschwinden. Wir haben uns vorgestellt, dass der Zwang ein ungebetener Hausgast ist, der sich eingenistet hat und sich viel zu wohl fühlt, um bei der ersten Aufforderung gleich auszuziehen. Er hat sich allmählich immer mehr ausgebreitet und kann in ganz schön vielen Lebensbereichen bestimmen. Aber wie wir bei Herrn Freitag und Frau Clemens gesehen haben: Der Zwang zahlt auch Miete. Wir haben gesehen, dass es wichtig ist, diesen Mietzahlungen auf die Spur zu kommen, damit die Zwänge irgendwann ganz verschwinden können. Die Miete kann einmal direkt mit dem Zwang verbunden sein, es kann aber auch eine Miete sein, die eher mit der eigenen Person und der Lebenssituation zusammenhängt. Wenn Sie die beiden Arbeitsblätter »Miete« ausgefüllt haben, haben Sie sicher schon einige Ideen, was Sie sonst noch in Ihrem Leben oder an Ihrer eigenen Person ändern möchten, damit Zwänge keine Chance mehr haben.

Ein paar Fragen, die hilfreich sein können, um herauszufinden, was Sie an sich und an Ihrer Lebenssituation ändern möchten

- Wann fühlt sich der Zwang so richtig wohl bei Ihnen? Wann kann er Sie besonders gut herumkommandieren? Gibt es bestimmte Situationen, in denen er leicht die Oberhand hat?
- Wann kann der Zwang wenig über Sie bestimmen? Wie sind Sie dann, wenn Sie ihm nicht gehorchen? Wie muss die Situation sein, damit Sie unabhängiger von ihm handeln können?
- Wie müssen Sie sich verändern, wie müssen Sie Ihre Lebenssituation verändern, dass der Zwang sagt: »Ich suche mir einen neuen Haushalt, hier fühle ich mich nicht mehr wohl«?

Herr Freitag hat sich diese Fragen auch gestellt. Dabei fiel ihm auf, dass der Zwang ein besonders leichtes Spiel hat, wenn er so richtig gestresst ist. Als Therapieziel schrieb er gleich auf: Weniger gestresst sein (halt nein: positive Ziele!) ➔ Mehr für die Erholung tun (geht es noch konkreter?) ➔ Jeden Abend eine halbe Stunde Fahrrad fahren, bei Regen auf dem Heimtrainer.

Frau Clemens, die sich auch diese Fragen stellte, merkte, dass der Zwang bei ihr leicht die Oberhand gewinnt, wenn sie sich über ihren Mann ärgert und ihm nicht sagt, worüber sie sich geärgert hat. Als Therapieziel schreibt sie auf: Ärger nicht mehr herunterschlucken (halt nein: positive Ziele!) ➔ Meinen Mann darauf ansprechen, wenn ich mich über ihn ärgere (geht es noch konkreter?) ➔ Meinem Mann sagen, dass ich mich ärgere, wenn er zwei Stunden später als abgemacht aus dem Büro kommt, und ihn bitten, mich anzurufen und kurz Bescheid zu sagen.

Wenn Sie Ihre Therapieziele gefunden haben und sich überlegen, wie Sie diese erreichen können, werfen Sie auch einen Blick auf Ihr Arbeitsblatt mit Ihren persönlichen Schutzbausteinen, die können nämlich sehr nützlich sein. Frau Clemens zum Beispiel dachte gleich an den Schutzbaustein, dass sie und ihr Ehemann grundsätzlich gut miteinander reden können. »Ich werde ihm erklären, dass ich manchmal meinen Ärger ihm gegenüber herunterschlucke und dass dann die Zwänge zunehmen. Ich werde ihm erklären, wie ich in Zukunft damit umgehen möchte, und ich bin mir sicher, er wird Verständnis haben und mich unterstützen.«

3.3 Start

So, nun kann es losgehen mit der Therapie. Wir stellen Ihnen erst *das Prinzip der Gewöhnung* vor (Kap. 3.3.1), welches die wichtigste Methode in der Behandlung von Zwängen ist. Als zweite wichtige Methode stellen wir Ihnen dann *das Gespräch mit dem Zwang* (Kap. 3.3.2) vor. Wie Sie sehen werden, hatten Frau Clemens und Herr Freitag sehr viel Erfolg mit beiden Methoden. Im Anschluss kommt Frau Herbert zu Wort (Kap. 3.3.3). Sie erinnern sich vielleicht, dass Frau Herbert immer wieder zwanghafte negative Gedanken über ihre Tochter in den Kopf kamen, unter denen sie sehr litt. An ihrem Beispiel können Sie lernen, wie man die beiden Methoden *Das Prinzip der Gewöhnung* und *Das Gespräch mit dem Zwang* auf solche Zwangsgedanken überträgt. Danach kommen die Therapieschritte noch mal im Überblick, nach denen Sie dann Ihren eigenen Therapieplan machen können. Dann wissen Sie alles, was Sie wissen müssen, um Ihre Zwänge zu überzeugen, bei Ihnen auszuziehen.

Zunächst möchten wir Ihnen dieses Prinzip anhand von Beispielen vorstellen. Jeder Mensch kennt dieses Prinzip aus dem eigenen Alltag und hat es mit Sicherheit schon viele Male erfolgreich angewendet. Danach wollen wir dieses Prinzip auf die Behandlung von Zwängen übertragen.

Schauen wir einmal, wo Frau Clemens dieses Prinzip früher schon einmal erfolgreich angewendet hat: Frau Clemens hatte als Kind Angst vor Spinnen. Sie wusste zwar, dass die ihr nichts tun, aber sie ist ihnen trotzdem lieber aus dem Weg gegangen. Wenn eine in ihrem Zimmer war, rief sie ihre Mutter. Die hat dann die Spinne genommen und vor die Tür gesetzt. Diese Vermeidungsstrategie hat lange Zeit gut funktioniert. Etwas komplizierter wurde es, als ihre Familie auf das Land zog, da waren nämlich viel öfter Spinnen in ihrem Zimmer. Ihre Mutter meckerte schon mal: »Kannst du die Spinne nicht selbst wegmachen? Du bist schließlich schon zehn Jahre alt!« Letztendlich gab sie dann doch immer nach und trug für ihre Tochter die Spinne in den Garten. Die Vermeidungsstrategie war also nicht mehr so unumstritten wie vorher, aber Frau Clemens musste nichts ändern. Problematisch wurde es jedoch, als Frau Clemens ihre Lehre als Hauswirtschafterin begann. Bei der Arbeit hatte sie sehr oft mit Spinnen zu tun, und es war niemand da, der sie für sie in den Garten brachte. Eines Tages sagte Frau Clemens ganz energisch zu sich selbst: »Ich will jetzt was ändern! Ich bringe die Spinnen ab sofort immer selbst nach draußen.« Es war gerade Herbst, und Frau Clemens hatte ganz schön viel zu tun. Sie fing mit einer kleinen Spinne an. Die nahm sie in die Hand. Zuerst hatte sie ziemliche Angst, aber sie ließ die Spinne so lange auf der

Hand herumkrabbeln, bis die Angst nachließ. Bei der zweiten Spinne hatte sie immer noch ziemliche Angst, aber nicht mehr ganz so starke. Allmählich wurde Frau Clemens mutiger. Während sie am Anfang nur die kleinen Spinnen anfasste, traute sie sich später auch an die größeren heran. Und es wurde immer besser. Irgendwann hatte sie keine Angst mehr. Durch viel Üben hat Frau Clemens sich also an Spinnen gewöhnt.

Sehen wir uns Frau Clemens' Erfahrungen noch mal auf der folgenden Zeichnung an. Und bauen wir das ein, was Sie schon gelernt haben.

Die »Vermeidungsmethode« von Frau Clemens

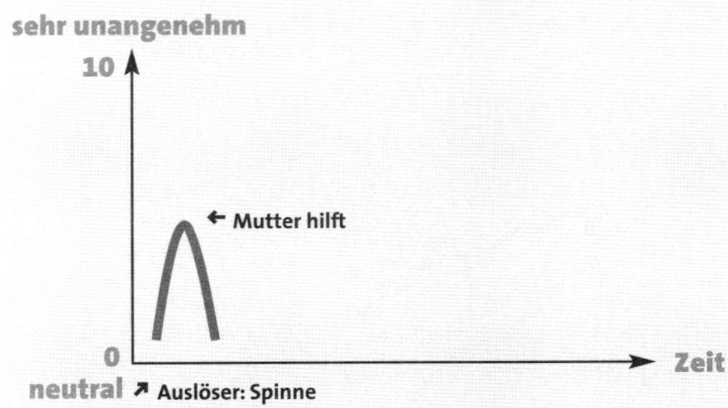

Zuerst sehen wir uns die Kinder- und Jugendzeit an, als Frau Clemens noch die Vermeidungsstrategie einsetzte. Eine Spinne ist der Auslöser für einen steilen Anstieg der unangenehmen Empfindungen (bis Stärke 5). Wenn die Mutter dann kam und die Spinne wegnahm, ging die Kurve steil nach unten (bis 0).

Wie Sie in der nächsten Abbildung sehen können, sah die Kurve ganz anders aus, als Frau Clemens das Prinzip der Gewöhnung in ihrer Lehre anwendete. Die Kurve ging wieder hoch, sogar noch ein Stück höher als früher (bis Stärke 7), wenn ihre Mutter ihr geholfen hatte. Aber – wie schön! – irgendwann ging die Kurve von allein wieder herunter. Frau Clemens war über den Berg! Bei der zweiten Spinne ging die Kurve nicht mehr ganz so hoch (bis Stärke 6), obwohl sie immer noch relativ hoch war. Und Frau Clemens hielt durch, bis sie über den Berg war. Nach der x-ten Spinne (Frau Clemens hatte nicht mitgezählt) war der Berg nur noch ganz niedrig (bis Stärke 2). Heute gibt es keinen Berg unangenehmer Empfindungen mehr, das merkt sie daran, dass sie auch große Spinnen ohne große Probleme in den Garten tragen kann.

Das Prinzip der Gewöhnung bei Frau Clemens und den Spinnen

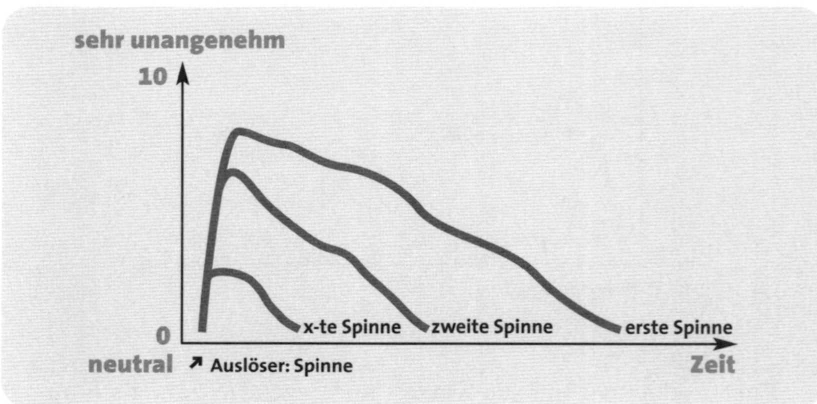

Auch Herr Freitag hat gute Erfahrungen mit dem Prinzip der Gewöhnung gemacht. Er hatte als Schüler im Schultheater mitgespielt. Er erinnert sich, dass er zu Anfang eine Rolle als Statist hatte. Dann gab der Lehrer ihm eine kleine Nebenrolle, in der er zwei Sätze sagen musste. War er aufgeregt vor der ersten Aufführung (bis Stärke 9)! Nachdem sie das Stück öfter gespielt hatten, hatte er zwar noch ein bisschen Lampenfieber, aber das war nichts im Vergleich zu der Aufregung beim ersten Mal. Als die Schultheatergruppe eines Tages ein neues Stück einüben wollte, sagte der Lehrer zu ihm: »Mensch, mein Junge, du hast die Nebenrolle so gut gespielt. Ich glaube, du bist genau der Richtige für die Hauptrolle in dem neuen Stück.« In der Nacht vor der ersten Aufführung konnte Herr Freitag kaum schlafen, so aufgeregt war er (bis Stärke 10). Aber alles ging gut, und Herr Freitag erinnert sich, wie er von Aufführung zu Aufführung weniger aufgeregt war. Heute lächelt er, wenn er an die damalige Aufregung zurückdenkt. Jetzt spielt er mit seiner Laientheatergruppe häufig vor über 100 Leuten. Er hat immer noch Lampenfieber vorher (bis Stärke 3), aber das ist nicht mehr so unangenehm, es beflügelt ihn eher; es ist kein Vergleich mit der damaligen großen Aufregung. Er hat sich an das Spielen vor Menschen gewöhnt.

Das Prinzip der Gewöhnung bei Herrn Freitag und dem Theaterspiel

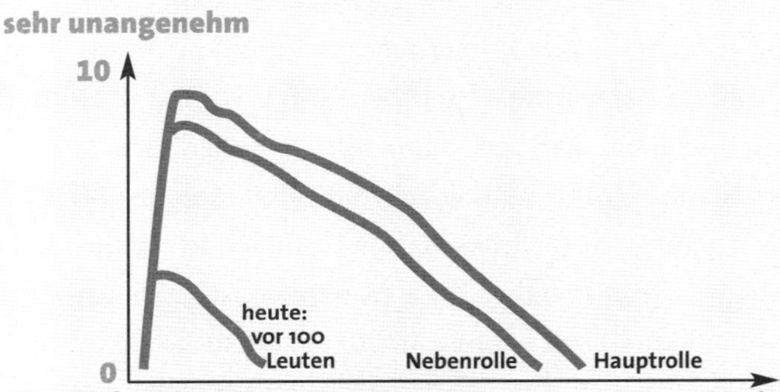

Übertragen wir dieses Prinzip nun auf die Behandlung von Zwängen. Wie würde eine Therapie aussehen? Sehen wir uns wieder an, wie Frau Clemens es gemacht hat. Auf ihrem Arbeitsblatt »Feinanalyse: Zwänge unter der Lupe« stehen ihre Auslöser. Wie bei den Spinnen entscheidet sie sich, mit einem kleinen Auslöser anzufangen. Ihr Therapieplan sieht so aus:

1. **Konfrontation mit einem Auslöser**

   Anfassen der Haustürklinke mit beiden Händen, mit diesen »kontaminierten« Händen das eigene Gesicht, die Haare, die Arme, die Kleidung und die Möbel in der Wohnung berühren.

2. **Weglassen von Zwangshandlungen**

   Weglassen des Händewaschens nach dem Berühren des Auslösers! Gewöhnung an die unangenehmen Gefühle, bis die unangenehmen Gefühle deutlich zurückgegangen sind. Sitzen an einem ruhigen Ort, Aufmerksamkeit auf die unangenehmen Gefühle richten, alle 10 Minuten einstufen, wie hoch die Kurve ist.

Hören wir Frau Clemens selbst, wie es war: »Oh je, das erste Mal ging es schief«, erinnert sie sich. »Die unangenehme Kurve stieg bis 7 und blieb dort eine Ewigkeit. So kam es mir vor. Ich habe gedacht, dass es immer schlimmer und nie besser werden würde und habe dann abgebrochen. Ich war ganz entmutigt. Mein Ehemann hat mir dann sehr geholfen. Ich habe ihm abends alles erzählt, und er hat mir noch mal ausführlich vor Augen geführt, dass ich es schaffen kann, wie ich es auch bei den Spinnen geschafft habe. Dass es schwer ist, dass ich es aber schaffen kann. Dass ich nur nicht zu früh aufgeben dürfe. Wir haben besprochen, dass ich den nächsten Versuch mache, wenn er zu Hause ist. Er saß in seinem Arbeitszimmer, während ich die Übung machte. Es war für mich sehr hilfreich, zu wissen, dass er da ist, auch wenn er gar nichts gemacht hat. Er hat seine Zeitung gelesen, ich habe ihn die ganze Zeit gar nicht zu Gesicht bekommen. Aber das Wissen, dass er da ist und an mich glaubt, war ganz wichtig.«

Sehen Sie sich nun an, wie erfolgreich Frau Clemens mit der Übung im zweiten Durchgang war.

Therapie von Frau Clemens

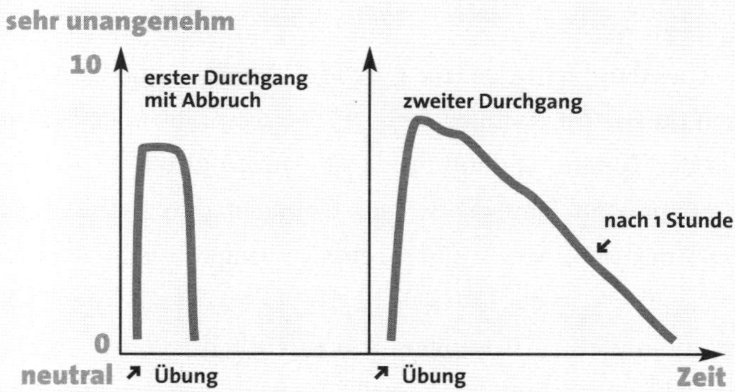

Wie Sie sehen können, ging die unangenehme Kurve bis Stärke 8. Nach ungefähr einer Stunde war die Kurve nur noch bei 3. Frau Clemens war zwar erschöpft, aber auch stolz auf sich, dass sie schon so weit über den Berg war. Wichtig für dieses Erfolgserlebnis war, dass sie sich nicht ablenken ließ. Ablenkung bewirkt nämlich, dass die Gewöhnung gestört wird. Abends haben Herr und Frau Clemens den Erfolg gemeinsam ein bisschen gefeiert.

Wie geht es jetzt weiter? Wieder überlegte sich Frau Clemens, wie sie es bei den Spinnen gemacht hatte. Damals hatte sie mehrmals am Tag mit Spinnen geübt. »Wenn ich einmal im Jahr eine Spinne angefasst hätte, hätte ich mich immer noch nicht an Spinnen gewöhnt!« Sie entscheidet sich daher, täglich mehrere Übungen zu machen. Nach der eigenen Haustürklinke nahm sie sich den nächsten Auslöser, nämlich das Geld in ihrem Portemonnaie, vor. Ein Problem fiel ihr noch ein. Wenn sie Gemüse waschen musste für das Abendessen, wurden ihre Hände automatisch nass. Jetzt handelte sie aber gegen ihre Übung, dass sie doch lernen wollte, Geld anzufassen, ohne sich zwanghaft die Hände zu waschen.

Aber dann hatte sie eine gute Idee. Wenn sie die Hände waschen musste im Rahmen ihrer Alltagsroutine – beim Kochen, nach der Toilette –, dann fasste sie danach gleich wieder Geld an. So passten Hausarbeit und Übungen gegen die Zwänge trotzdem zusammen. Wenn sie etwas trainierter ist, will sie sich den Auslösern in der Öffentlichkeit (Haltegriffe in öffentlichen Verkehrsmitteln, Türklinken von öffentlichen Türen) stellen. Sie merkt jetzt schon, wie viel Zeit sie plötzlich gewonnen hat, wo sie nicht mehr so viel waschen muss. Als Belohnung will sie die gewonnene Zeit mit ihrem Mann verbringen, sie wollen wieder mehr spazieren gehen. Das haben sie früher oft und gern gemacht. Eine schöne Idee, so haben beide etwas von den Fortschritten!

Herr Freitag machte sich auch einen Übungsplan. Er entschied sich, zu Hause anzufangen. Bei der Arbeit war oft viel Stress, er hätte dort nicht die Ruhe, sich auf seine Übungen zu konzentrieren.

1. **Konfrontation mit einem Auslöser**
   Brief an seine Krankenkasse abschicken
2. **Weglassen von Zwangshandlungen**
   Weglassen von wiederholten Rechtschreibkontrollen! Brief einmal durchlesen, in den Umschlag tun, zukleben, hinlegen, damit er ihn später in den Briefkasten stecken kann, Gewöhnung an die unangenehme Kurve, bis die unangenehmen Gefühle deutlich zurückgegangen sind.
   Sitzen an einem ruhigen Ort, Aufmerksamkeit auf die unangenehmen Gefühle richten, alle 10 Minuten einstufen, wie hoch die Kurve ist.

Kurve ohne / mit der Technik »Gespräch mit dem Zwang«

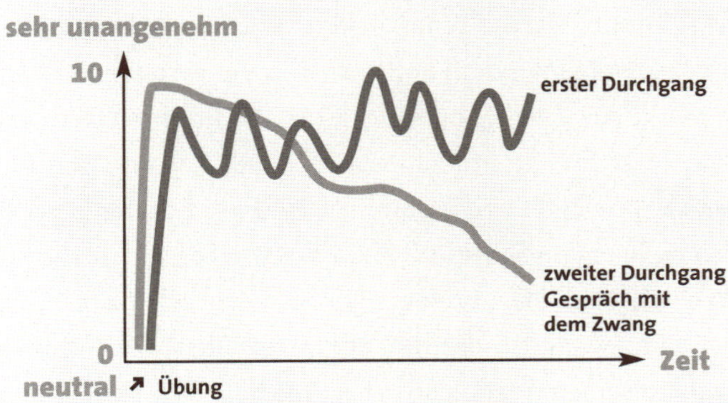

Was war denn mit der Kurve von Herrn Freitag los?! Sie ging hoch und dann ein Stückchen herunter, aber dann wieder hoch. Das ging über eine Stunde so, bis Herr Freitag ganz erschöpft war. Das Erfolgserlebnis, das Frau Clemens hatte, wollte und wollte bei ihm nicht kommen. Was war passiert?!

Der Zwang wollte nicht aus seinem gemütlichen Heim vertrieben werden. Als er merkte, dass es ihm an den Kragen gehen sollte, ließ er sich etwas einfallen. Das fiel ihm nicht schwer, da er Herrn Freitag gut kennt und weiß, wo dessen Schwachpunkte sind. Er fing an, Herrn Freitag etwas zuzuflüstern: »Hast du die Unterschrift unter den Brief gesetzt? Du hast sie bestimmt vergessen. Der Brief ist dann doch nicht gültig.« Und prompt ging die Kurve wieder hoch. Herr Freitag fing an, sich zu verteidigen: »Nein, ehrlich, ich habe darauf geachtet. Wirklich, ganz bestimmt.« Die Kurve ging ein Stückchen herunter. Der Zwang merkte aber, dass die Verteidigung nur halbherzig war. Er beschloss noch mal nachzufragen: »Wie kannst du dir sicher sein? Sieh doch lieber nochmals nach! Ein ordentlicher Mensch liest sowieso jeden Brief zweimal durch …« So ging es weiter, und Herr Freitag wurde immer verzweifelter.

Was könnte Herrn Freitag helfen? Wie könnte er unabhängiger vom Zwang werden? Soll er sich weiter verteidigen? Nein, dann merkt der Zwang, dass er weiter Macht über Herrn Freitag hat. Herr Freitag braucht eine Technik, die der Arzt Herr Schwartz entwickelt und zusammen mit Frau Beyette, einer Betroffenen, in einem Selbsthilfebuch beschrieben hat (siehe Literaturverzeichnis). Herr Freitag muss sich deutlich machen, dass es nur sein Zwang ist, der ihm etwas einreden will. Wenn der Zwang mit seinen Argumenten beginnt, sagt sich Herr Freitag: »Das ist jetzt mein Zwang, der mir etwas einreden will.« Er hat zwar immer noch Angst, weil die Argumente des Zwanges natürlich nicht plötzlich ihre Wirkung verlieren. Aber Herr Freitag ist jetzt genauso hartnäckig wie sein Zwang – da ist ihm sein Schutzbaustein Durchhaltevermögen von Nutzen. Immer wenn der Zwang fragt: »Bist du sicher?«, dann sagt Herr Freitag: »Das ist jetzt mein Zwang, der mir etwas einreden will.« Und allmählich geht auch seine unangenehme Kurve herunter.

Aber die Unterschrift könnte doch tatsächlich vergessen worden sein! Ja, das stimmt. Doch Herr Freitag hat beim Aufschreiben seiner Therapieziele entschieden, dass er einen Brief an die Krankenkasse nur einmal durchlesen will und dass das ausreichend ist. Eine hundertprozentige Garantie dafür, dass der Brief fehlerfrei ist, hat er natürlich nicht. Aber die hat er auch nicht, wenn er noch drei Stunden den Brief kontrollieren würde. Auch dann könnte er noch Fehler übersehen haben. Er hat für sich eine Rechnung gemacht. »Wenn ich den Brief einmal durchlese, dann habe ich so ca. eine Sicherheit von 99 %, dass alles richtig ist. Wenn ich den Brief drei weitere Stunden durchlese, habe ich vielleicht eine Sicherheit von 99,8 %. Aber ich habe drei Stunden verloren. Ein Gewinn von 0,8 % auf der einen Seite und ein Verlust von drei Stunden auf der anderen Seite. Das ist nicht ausgewogen.«

Wenn man ganz genau hinhört, will der Zwang Herrn Freitag Folgendes einreden: »Wie kannst du mit der Unsicherheit leben?! Fehler sind immer und ausnahmslos eine fürchterliche Katastrophe!« Und das stimmt natürlich nicht. Herr Freitag beschließt, seinen Satz noch zu erweitern. Immer wenn der Zwang ihm etwas einreden will, dann antwortet er jetzt: »Das ist nur mein Zwang, der mir etwas einreden will. Ich lerne, mit einem kleinen Risiko für Fehler zu leben!«

Was macht Herr Freitag mit dem Zeitgewinn? Er hat sich vorgenommen, öfter für seine Frau und sich zu kochen. Das hat er früher oft gemacht. Er konnte sich beim Kochen immer gut entspannen, und das gemeinsame leckere Essen hinterher mit seiner Frau war für beide immer sehr schön. Außerdem will er sich eine CD mit Entspannungsübungen als Belohnung kaufen und sie dann regelmäßig hören und die Übungen machen. Ein Arbeitskollege hatte ihn auf die Idee gebracht, weil der Kollege selbst gute Erfahrungen mit Entspannungsübungen gemacht hatte.

Damit erfüllt er gleichzeitig ein anderes Therapieziel, nämlich mehr für seine Erholung zu tun. Herr Freitag hatte ja festgestellt, dass der Zwang besonders leichtes Spiel hat, wenn er sehr gestresst ist. Wenn er nun nicht nur abends die halbe Stunde Rad fährt, sondern insgesamt mehr von dem tut, was ihm Spaß macht und ihn entspannt, zieht er damit auch indirekt dem Zwang ein Stück den Boden unter den Füßen weg.

3.3.3 Wenn Zwangsgedanken ein besonderes Problem sind

Frau Herbert, Mitte dreißig, glücklich verheiratet, Mutter einer vierjährigen Tochter, die sie sich gewünscht hat, leidet unter Zwangsgedanken, die sich auf ihre Tochter beziehen. Gegen ihren Willen schießen ihr dauernd Gedanken durch den Kopf, dass sie ihre Tochter hasst. Sie ist darüber sehr unglücklich. Sie liebt nämlich ihre Tochter und nimmt ihre Aufgaben als Mutter sehr ernst. Und nun solche Gedanken. Sie ist entsetzt über sich, dass sie solche Hassgedanken über ihre Tochter hat. Sie will diese Gedanken nicht haben, sie will sie nicht denken, aber sie kommen einfach.

Wie kann man sich das erklären?

Machen Sie zuerst ein kleines Denkexperiment mit uns: Ist es Ihnen auch schon einmal passiert, dass Sie aus einem Laden herauskamen und Ihnen ein Ohrwurm durch den Kopf ging? Irgend so ein dummes Liedchen, mit dem Sie im Geschäft berieselt wurden und das Ihnen nun wieder in den Sinn kam. Was passierte mit dem Liedchen? Wahrscheinlich ging es Ihnen immer mal wieder durch den Kopf, vielleicht haben Sie sich ein bisschen geärgert, aber Sie haben sich nichts weiter dabei gedacht. Irgendwann war das Liedchen weg. Stellen Sie sich nun mal vor, die folgende Schlagzeile aus einer Zeitschrift wäre wahr: »Ohrwürmer verursachen Ohrenabfallen!« Wie würden Sie reagieren, wenn Sie aus einem Laden kommen und einen Ohrwurm haben? Sie würden einen großen Schrecken bekommen und Angst haben, dass Ihre Ohren irgendwann abfallen. Wiederholt würden Sie prüfen, ob der Ohrwurm noch da ist, und sich immer mehr Sorgen machen. Spätestens mit der Frage »Ist der Ohrwurm noch da?« würden Sie ihn wieder hören. Sie würden an Ihren Ohren rütteln, und wenn diese sich bewegen, würden Sie sich noch mehr Sorgen machen und wieder prüfen, ob der Ohrwurm noch da ist. Dann würden Sie energisch zu sich sagen: »Denk nicht an den Ohrwurm«, und schon wäre er wieder da. Glauben Sie, dass der Ohrwurm irgendwann von selbst verschwindet? Wenn, dann sicherlich viel später als sonst. Wenn Sie uns das nicht glauben, würden wir Sie ganz stark bitten, jetzt nicht an einen rosa Elefanten zu denken! Strengen Sie sich bitte an, und denken Sie auf gar keinen Fall an den rosa Elefanten mit den rosa Ohren, dem rosa Rüssel und den rosa Elfenbeinzähnen! Denken Sie auf keinen Fall an den rosa Elefanten!!! ... Woran denken Sie jetzt?

Stellen wir uns nun noch einmal vor, ein Mensch würde die Schlagzeile »Ohrwürmer verursachen Ohrenabfallen!« wirklich glauben und nach dem Einkaufen nun tatsächlich einen Ohrwurm haben. Was ist sein Problem? Der Ohrwurm? Nein, der Ohrwurm nicht, sondern die Bedeutung, die er diesem Ohrwurm gibt, weil er die Schlagzeile glaubt. Für diesen Menschen ist ein Ohrwurm nicht etwas Normales, ein bisschen lästig, aber nicht wirklich wichtig. Nein, für ihn ist ein Ohrwurm ein Zeichen dafür, dass bald seine Ohren abfallen werden, was er ganz furchtbar findet. Und wenn er dann noch denkt: »Denk nicht an den Ohrwurm«, dann denkt er ihn ja schon, und der Ohrwurm kann nicht verschwinden – wie der rosa Elefant.

Merkwürdige Gedanken gehen allen Menschen mal durch den Kopf. Wir denken uns nichts dabei und meinen sie oft auch nicht so. Und diese Gedanken verschwinden wieder. Wie der Gedanke: »Ich hasse mein Kind.« Ein Gedanke, der nicht so gemeint ist und auch keine Bedeutung hat. Wenn nun aber jemandem wie Frau Herbert, die sehr gewissenhaft ist und sich sehr bemüht, eine gute und liebevolle Mutter zu sein, so ein Gedanke durch den Kopf geht, dann denkt so jemand nicht: »Komisch, was so durch meinen Kopf geht«, so jemand denkt: »Oh wie schrecklich. Wer so denkt, muss ja eine furchtbare Rabenmutter sein!« Und sie wird sich ängstlich beobachten, ob nicht wieder so ein Gedanke durch ihren Kopf zieht: »Hoffentlich denke ich nicht wieder so einen Gedanken wie ›Ich hasse mein Kind!‹ Und – schwupps ist der Gedanke schon wieder im Kopf. Dann wird Frau Herbert sich bestätigt sehen: »Ich muss ja wirklich schrecklich sein, jetzt habe ich den Gedanken schon wieder gedacht!«

Bei Frau Herbert könnte man auch sagen, der Zwang erzählt ihr immer: »Denk bloß nicht: Ich hasse mein Kind! Sonst bist du die allerschrecklichste Rabenmutter!« Frau Herbert hat dem Zwang immer geglaubt. Und das ist das Problem – nicht dass ihr solche Gedanken durch den Kopf gehen, die denkt jeder mal, ohne dass sie etwas bedeuten müssen.

Wie sieht die Therapie aus? Frau Herbert muss dem Zwang zeigen, dass er keine Macht mehr hat, dass sie ihm nicht glaubt. Und wie macht man das am besten? Die Gedanken extra denken, extra sagen, extra hören, extra schreiben ... Und nun sind wir wieder auf bekanntem Boden. Das ist ja die bekannte Konfrontation mit den Auslösern. Da hilft das Prinzip der Gewöhnung und das Gespräch mit dem Zwang.

Für die Konfrontation mit den Auslösern gibt es viele Ideen. Wenn Sie unter solchen Gedanken leiden, können Sie zum Beispiel Ihre Gedanken immer wieder laut aussprechen und dabei mit einem Kassettenrekorder aufnehmen und sich in regelmäßigen Abständen (z.B. einmal die Stunde) anhören. Oder aufschreiben und immer wieder lesen. Wichtig ist, dass Sie sich beim Lesen oder Hören voll auf den Gedanken konzentrieren. Eine trickreiche Vermeidung wäre nämlich in diesem Fall, dass man gedanklich abschaltet, während das Band läuft. Wenn Sie die Gedanken immer wieder voll konzentriert anhören, hängen sie Ihnen irgendwann zum Hals heraus, nicht weil Sie sie fürchten, sondern weil Sie Ihnen langweilig geworden sind – wie wenn jemand zum 100. Mal den Film »Titanic« gesehen hat, dann muss er auch nicht mehr weinen.

Die Therapieschritte noch mal im Überblick

1. **Machen Sie sich einen Übungsplan**
   Mit welchen Auslösern wollen Sie anfangen? Mit welchen wollen Sie weitermachen? In welcher Reihenfolge? Wie oft am Tag wollen Sie üben? Brauchen Sie Unterstützung von Menschen aus Ihrer Umgebung? Wenn ja, wie planen Sie diese mit ein?
2. **Stellen Sie sich Ihren Auslösern – Konfrontation**
3. **Das Prinzip der Gewöhnung**
   Führen Sie bestimmte Zwangshandlungen nicht mehr aus. Halten Sie die unangenehmen Empfindungen aus, bis Sie über den Berg sind. Wenn Sie damit Erfolg haben, nehmen Sie sich die nächste Zwangshandlung vor.
4. **Das Gespräch mit dem Zwang**
   Überlegen Sie sich einen oder zwei Sätze, die hilfreich für Sie sind, wenn der Zwang Sie in Versuchung führen will, ihn auszuüben.
5. **Loben und belohnen Sie sich (und, wenn Sie mögen, auch die Menschen in Ihrer Umgebung) für Ihre Fortschritte.**

3.4 Häufige Fragen und Schwierigkeiten und wie man damit umgeht

Mache ich alles richtig?

Manchmal zögern Menschen, mit ihren Übungen loszulegen, weil sie Angst haben, etwas falsch zu machen. Wenn Sie auch zu diesen Menschen gehören, dann sollten Sie wissen, dass es nicht den richtigen Übungsplan gibt. Und: Sie sind Experte für Ihre Zwänge, keiner kennt Ihre Zwangssymptome so gut wie Sie. Da jeder Mensch seine ganz persönlichen Eigenarten hat, gibt es keine allgemein gültige Lösung, sondern jeder sollte die grundsätzlichen Empfehlungen dieses Buches nach seinen Bedürfnissen verändern oder ergänzen. Genauso wie es Bücher über das

Gärtnern gibt, aber nicht den richtigen Garten. Wenn Sie durch eine Siedlung mit vielen Gärten gehen, sehen Sie, dass jeder Garten anders aussieht. Auch ein Hobbygärtner lernt aus Büchern und versucht das Gelernte auf seinen Garten zu übertragen, angepasst an die jeweiligen Bedingungen. Und wenn es mal nicht klappt, hat er meist eine Idee, was er das nächste Mal anders machen kann. Fehler liefern wertvolle Informationen. Aber wer sich nicht traut, Blumen einzupflanzen, aus Angst, dass sie bei ihm nicht gedeihen, der wird sich bestimmt nicht an den Blüten freuen können.

Wie oft sollte man üben?

Stellen Sie sich einen unsportlichen Menschen vor, der sich entscheidet, sportlich zu werden. Er möchte gern joggen. Als großes Ziel setzt er sich, in einem halben Jahr an einem Marathonlauf teilzunehmen. Aber erst mal will er anfangen. Wenn er einmal im Monat einen Kilometer läuft, hat er nur einen minimalen Trainingseffekt. Wenn er gleich versucht, 30 Kilometer zu laufen, wird das wahrscheinlich nicht gelingen, und wenn doch, ist es bestimmt nicht gut für seine Muskeln und Bänder und für seinen Kreislauf. Also regelmäßig üben, nicht zu große Abstände, nicht zu große Strecken. Und Treppen steigen statt Aufzug nehmen als kleine Nebenbeiübung.

Ähnlich ist es mit den Zwängen. Wir empfehlen, täglich zu üben, am besten mehrmals, am besten zu festen Zeiten, damit der Vorsatz nicht im Alltag untergeht. Wichtig ist aber auch, auf genügend Erholung zwischen den Übungen zu achten und die Übungen nicht ihrerseits zum Zwang werden zu lassen. Und machen Sie neben den großen und geplanten Übungen kleine

Nebenbeiübungen, wenn sie sich anbieten. Frau Clemens zum Beispiel hatte in ihrem Plan festgelegt, jeden Tag bestimmte Übungen (Geld anfassen und nicht die Hände waschen) zu festgelegten Zeiten durchzuführen. Außerhalb dieser festgelegten Übungszeiten machte sie kleine Nebenbeiübungen, wenn sie die Gelegenheit dazu hatte (eine Plastiktüte anfassen und wegräumen, ohne sich die Hände zu waschen, die Türklinke der Arbeitszimmertür ihres Mannes anfassen usw.). Nebenbeiübungen sind also nicht so schwer wie die richtigen Übungen, weil die unangenehmen Empfindungen nicht so stark hochgehen. Aber sie haben doch einen gewissen Trainingseffekt.

Wie gehe ich in der Übung konkret mit den unangenehmen Empfindungen um?

Sie haben sich einem bestimmten Auslöser gestellt und merken, wie die unangenehmen Empfindungen ansteigen. Sie kämpfen mit dem Drang, Ihre offenen oder verdeckten Zwangshandlungen auszuführen. Versuchen Sie jetzt, sich nur noch auf Ihr Gefühl zu konzentrieren, es ganz bewusst wahrzunehmen, es da sein zu lassen als Teil Ihrer Person. Versuchen Sie nicht, sich einzureden, dass gleich alles gut sein wird. Versuchen Sie auch nicht, Ihren üblichen Erwartungen gedanklich nachzugehen, dass gleich irgendwelche schlimmen Dinge passieren werden. Kehren Sie immer wieder zurück zur Wahrnehmung der gerade entstehenden Gefühle, zur Beschreibung und zum Akzeptieren.

Manche Betroffene erleben ansteigende Angst, bei anderen geht die Angst nach einiger Zeit eher in Traurigkeit über, bei manchen tauchen plötzlich unerwartet aggressive Gefühle auf oder eine innere Leere oder ein dumpfer Schmerz. Am einfachsten dürfte es für Sie sein, wenn Sie nur ansteigende Angst spüren, wenn es Ihnen gelingt, sich ausschließlich auf dieses Gefühl zu konzentrieren, es da sein zu lassen und abzuwarten. Sie werden nach einiger Zeit bemerken, dass die Angst wieder abfällt, weniger wird und dementsprechend auch der immer wieder einschießende Impuls zur Zwangshandlung nachlässt, Sie also über den Berg kommen. Da wirkt das Prinzip der Gewöhnung.

Manchen passiert es aber auch, dass Sie, während die unangenehmen Gefühle noch ansteigen, auf einmal gar nicht mehr an Ihren Zwang denken, sondern sich an schmerzliche Erlebnisse in früheren Jahren oder in jüngerer Zeit erinnern. Das ist nicht die Regel, aber es kommt vor. Dann seien Sie froh, dass Ihre Übung Ihnen wieder Zugang zu wichtigen Selbsterkenntnissen verschafft hat. Wenn das öfter passiert, ist es wichtig, dass Sie sich dann überlegen, ob Sie die Übungen weiter allein oder mit Hilfe Ihres Partners oder lieber unter therapeutischer Anleitung machen möchten, um Unterstützung bei der Verarbeitung der hochkommenden Erlebnisse zu bekommen.

Ist das jetzt ein Zwang oder ist das noch normal?

Sie haben alles vorher gut durchdacht und einen konkreten Übungsplan aufgestellt. Trotzdem kann es Ihnen passieren, dass Sie mitten in den Übungen an einen Punkt kommen, an dem Sie sich fragen: »Ist das jetzt ein Zwang oder ist das noch normal?« Menschen mit einem Waschzwang haben zum Beispiel oft das Problem, dass sie sich nicht sicher sind, ob sie es mit richtigem Dreck (wegputzen = »gesunde Reaktion«) oder Kontamination*

* Verseuchung mit gefährlichen Substanzen ähnlich wie bei Radioaktivität

(wegputzen = Zwangshandlung → stärkt den Zwang) zu tun haben. Aber bitte bedenken Sie: Richtigen Dreck erkennt man eindeutig. Wenn Sie sich nicht sicher sind, kann es höchstens »Minidreck« sein. Es kann aber auch sein, dass der Zwang Ihnen durch die Hintertür Kontamination als Dreck untermogeln will, damit er wieder gestärkt wird. Wir empfehlen daher: Im Zweifelsfall lieber gegen den Zwang entscheiden. Wenn Sie nicht sicher sind, verhalten Sie sich lieber so, wie wenn Sie es mit einem Zwang zu tun haben, und lassen den »Minidreck« liegen. Das gilt natürlich genauso bei anderen Zwängen. Im Zweifelsfall sind Sie besser damit beraten, davon auszugehen, dass es sich um einen Zwang handelt. Was Sie dann machen, wissen Sie ja.

Es wird nicht besser!

Es gibt mehrere Gründe, warum jemand den Eindruck haben kann, dass es nicht besser wird. Gerade wenn der Zwang ein langjähriger Mitbewohner ist, haben sich bestimmte Gewohnheiten eingeschlichen, die nur langsam wieder weggehen. Warum sollte sich etwas, dass sich über so lange Zeit entwickelt hat wie der Zwang, plötzlich in Luft auflösen? Geduld mit sich und Durchhaltevermögen sind ganz wichtig. Denken Sie daran, Sie haben schon oft im Leben diese Geduld und das Durchhaltevermögen bewiesen – beim Lesen-, Schreiben- und Rechnenlernen, wenn Sie ein Instrument oder eine Sportart erlernt haben ... Ihnen fallen sicher noch viele Beispiele ein.

Es kann aber auch vorkommen, dass es trotz viel Geduld und langem Üben nicht richtig besser wird. Dann prüfen Sie bitte nochmals Ihren Übungsplan und die Art, wie Sie die Übungen durchführen. Der Erfolg kann sich nur einstellen, wenn Sie x-mal über den Berg gekommen sind. Denken wir wieder an unseren Marathonläufer. Er hat keine Lust zum Trainieren und kann vieles tun, um die Anstrengung zu umgehen: Er kann ganz zu Hause bleiben. Er kann ein Stück mit dem Fahrrad fahren. Er kann ein Taxi nehmen. Er kann sich von seiner Mutter tragen lassen. Das kann unter Umständen auch ganz nett sein, bloß seinem Ziel, die Marathonmedaille zu bekommen, kommt er dadurch nicht näher. Wenn er die Laufstrecke schaffen will, hilft alles nichts, er muss trainieren und seinen Übungsplan einhalten. Und je mehr er übt, je besser er seinen Plan einhält, desto leichter fällt ihm das Laufen. Die ersten Trainingsläufe sind vielleicht fürchterlich anstrengend, doch nach einer Woche geht es schon besser, obwohl es immer noch anstrengend ist. So wie der Marathonläufer die Anstrengung auf sich nehmen muss, so muss der erfolgreiche Eigentherapeut x-mal über den Berg kommen, d. h. seine unangenehmen Empfindungen aushalten, bis sie nachgelassen haben.

Und vergessen Sie nicht: Es gibt viele Tricks, diese Anstrengung zu vermeiden. Ablenkung und völlige Vermeidung gehören dazu. Viel häufiger als die Komplettvermeidung findet man aber die trickreiche Vermeidung, die so unauffällig ist, dass man sie fast nicht merkt. Denken Sie daran, der Mitbewohner hat sich bei Ihnen gemütlich eingerichtet. Er will bleiben und versucht, Ihre Therapieanstrengungen zu unterlaufen. Er weiß, dass Sie sehr aufmerksam und fest entschlossen sind, ihn loszuwerden. Wenn er Ihnen die Komplett-Vermeidung vorschlagen würde, dann wüsste er, dass Sie sich nicht darauf einlassen. Also probiert er es mit der trickreichen Vermeidung. Oder er versucht, Ihnen Zwangshandlungen versteckt unterzumogeln, frei nach dem Motto: Einmal ist kein Mal!

Unser Marathonläufer ertappte sich bei einer ganz trickreichen Vermeidung. Er war mittlerweile bei einem Pensum von 10 km am Tag angelangt. Er dachte sich: »Heute laufe ich mal eine andere Strecke und fahre mit dem Bus zurück. Mein Pensum habe ich ja erfüllt.« Nachdem er eine Woche diese neue Strecke mit Vergnügen gelaufen war, kam er sich auf die Schliche. Die neue Strecke verlief nämlich die meiste Zeit bergab. Trickreiche Vermeidung! Als er das merkte, lief er wieder die alte Strecke, in der es bergauf und bergab ging. Die ersten Male fiel ihm die alte Strecke wieder schwerer, weil er durch die trickreiche Vermeidung nicht mehr so trainiert war. Aber er hielt durch, bis er seinen Trainingsrückstand wieder aufgeholt hatte.

Aufschieben

Aufschieben ist eine trickreiche Vermeidung, die bei fast allen Zwängen funktioniert. Man unterlässt die Zwangshandlung und verschiebt sie auf später. Zwei Beispiele: »Jetzt darf ich nicht die Hände waschen, aber heute Abend wasche ich sie dafür besonders gründlich.« Oder: »Jetzt kontrolliere ich nur einmal den Herd, aber wenn ich in einer Stunde gehe, dann kontrolliere ich das ganze Haus gründlich.« Warum das ungünstig ist, wird deutlich an einem Beispiel aus einem anderen Bereich: Erwin will schlanker werden. Er steht vor einer Tafel Schokolade und sagt sich: »Okay, ich verzichte jetzt auf die Schokolade, ich will ja abnehmen. Dafür freue ich mich auf heute Abend. Da gibt es ja bei meiner Mutter Gänsebraten mit Knödeln und die Schokolade essen wir zum Nachtisch.« Wie schade für Erwin, da hält er den ganzen Tag so gut durch und abends macht er sich seinen Erfolg zunichte. Die ganze Anstrengung umsonst!

Rückfälle können einen ganz schön belasten, besonders wenn man sich starke Vorwürfe macht. Herr Freitag hatte einen Rückfall, als er nach einem sehr anstrengenden Tag bei der Arbeit abends viel zu lange kontrollierte, ob er sein Auto auch wirklich zugeschlossen hatte. Er war ganz verzweifelt, weil er das schon viel besser gekonnt hatte. Er machte sich viele Vorwürfe. Zum Glück erinnerte seine Frau ihn daran, dass er einen schweren Tag gehabt hatte und dass an schweren Tagen der Zwang ein leichteres Spiel bei ihm hat. Sie erinnerte ihn auch daran, wie wichtig es ist, sich Fehler zu verzeihen und sich nicht entmutigen zu lassen. Nach einigem Überlegen gab Herr Freitag ihr Recht und nahm sich vor, einige Übungen am Auto auf seinen Übungsplan zu setzen.

Auch Frau Clemens hatte einen Rückfall. Beim Einkaufen bekam sie Wechselgeld von der Verkäuferin in die Hand, und kaum war sie zu Hause, wusch sie sich viel zu lange die Hände. Was ergab ihre Analyse? Sie stellte fest, dass sie in der letzten Zeit etwas leichtsinnig gewesen war und die Übungen etwas vernachlässigt hatte. Da der Zwang ja noch nicht ausgezogen war aus ihrem Haus, nutzte er gleich die Gelegenheit, sich wieder auszubreiten. Frau Clemens tat dann genau das Richtige: Statt sich lange Vorwürfe zu machen, nutzte sie den Rückfall als hilfreichen Hinweis, wieder mehr auf ihre Übungen zu achten. Ab da führte sie wieder jeden Tag die Übungen durch, die sie auf ihrem Übungsplan stehen hatte.

Um erfolgreich Dinge im Leben ändern zu können, ist es wichtig, sich konkrete und positive Ziele zu setzen. Dies gilt für Ziele, die sich auf den Zwang beziehen, genauso wie für Ziele, die sich auf die Lebenssituation und die eigene Persönlichkeit beziehen.

Für die konkrete Therapieplanung muss man die Zwänge zuerst genau unter die Lupe nehmen (Feinanalyse). Dazu gehört das Erkennen der Auslöser, die einen Mix aus Gedanken, Gefühlen und Körperreaktionen auslösen. Diesen unangenehmen Mix können Sie durch Zwangshandlungen und Vermeidungsverhalten beenden oder umgehen. Dadurch fühlen Sie sich zwar kurzfristig besser, auf Dauer werden Zwänge und Vermeidung aber eher mehr, da Probleme in der Lebensführung ja nicht gelöst wurden und die mittelfristigen negativen Folgen der Zwänge (hoher Zeitverlust, Ärger mit der Umwelt usw.) Ihre Stimmung zusätzlich verschlechtern. Zwei Methoden sind besser geeignet, dass Zwänge verschwinden können: 1. das Prinzip der Gewöhnung, 2. das Gespräch mit dem Zwang, ergänzt durch die Wiederentdeckung der Freude an anderen Tätigkeiten. Und noch etwas zur Therapie: Lassen Sie sich nicht entmutigen, wenn die Übungen nicht gleich greifen. Der Zwang hat sich langsam in Ihrem Haus ausgebreitet und es sich so richtig gemütlich gemacht. Er lässt sich nicht so schnell vertreiben, sondern leistet Widerstand und arbeitet mit Tricks, um bleiben zu können. Also ist Geduld ganz wichtig!

Wie Sie schon bei Herrn Freitag und Frau Clemens gesehen haben, können nicht nur Betroffene, sondern auch Angehörige, Partner, Verwandte oder Freunde durch die Zwangserkrankung ziemlich stark eingeschränkt und belastet sein. Frau Freitag übernahm für ihren Mann die letzte Kontrolle und damit die Verantwortung, dass alle Geräte abgeschaltet waren, wenn sie das Haus gemeinsam verließen. Herr Clemens wusch sich ebenfalls sehr gründlich seine Hände, wenn er nach Hause kam, weil er wusste, dass das seine Frau beruhigt. Beide übernahmen quasi die Zwangshandlungen, um ihre Partner zu entlasten. Herr Freitag hatte bei seiner Feinanalyse schon gemerkt, dass er seine Frau und seine Mitarbeiter ganz gut einspannte. Er spürte da natürlich auch manchmal Ärger, und immer öfter sagte ihm seine Frau, dass das ja alles wohl ein bisschen übertrieben sei und sie zu dem ewigen Kontrollieren keine Lust mehr habe und auch mal wieder in Ruhe Zeit mit ihm verbringen möchte und nicht mit seinen Zwangshandlungen.

Viele Zwangsbetroffene suchen sich erst Hilfe, wenn Angehörige »Druck gemacht haben«. Nehmen Sie den Ärger Ihrer Familie ernst und warten Sie nicht zu lange, bevor Sie gemeinsam etwas unternehmen. Wenn der Zwang nicht nur über den Betroffenen, sondern auch noch über Angehörige oder Freunde Macht gewinnt, kann es bald sehr schwierig sein, ihn auch nur dazu zu bewegen, ein kleines Eckchen in der Wohnung frei zu räumen. Der Zwang kann ein sehr hartnäckiger Mitbewohner sein! Wenn Sie merken, Sie kommen nicht weiter, dann zögern Sie nicht, sich professionelle Hilfe zu suchen.

Wir möchten Ihnen zuerst einige Beispiele schildern, wo Betroffene und Mitbetroffene sehr lange gewartet hatten, etwas zu unternehmen, und dann den Zwang nur schwer und mit viel therapeutischer Hilfe dazu bewegen konnten, wenigstens einige Zimmer im Haus wieder freizugeben. Danach folgen Informationen und Tipps für Mitbetroffene, die unabhängig davon, ob Sie therapeutische Hilfe in Anspruch nehmen, immer hilfreich sind. Zunächst wieder die Übersicht:

- Zwänge als hartnäckige Mitbewohner (4.1)
- Wie Sie Ihre Schutzbausteine »Familie« und »Freunde« aktivieren können (4.2)
- Was Familie und Freunde tun können (4.3)

4.1 Zwänge als hartnäckige Mitbewohner

Sie haben ein Recht auf Ihre Zwänge, und Ihr Partner hat ein Recht auf seine Freiheit (von Ihrem Zwang). Wie können Sie beide das vereinen? Der Zwang will, dass Sie ihn mit allen Mitteln verteidigen – am besten sogar, dass Sie Ihren Partner dazu bringen, auch dem Zwang zu gehorchen. Sie stehen damit oft vor der Entscheidung: Wollen Sie den Bedürfnissen Ihres Zwanges oder denen Ihres Partners oder Ihrer Familie nachkommen? Zieht ein Zwang als neuer Mitbewohner in eine bestehende Hausgemeinschaft ein, so kann es also ziemlich schwierig werden, wenn der Zwang sich sehr einmischen will. Folgendes kann geschehen:

- Der Mitbetroffene kann zum »Co-Zwängler« werden – er will dem Betroffenen helfen, ihn unterstützen und »tut des Guten zu viel«. Dazu gehört das Abnehmen von Zwangshandlungen oder die Rückversicherung, dass der Betroffene seine Zwänge richtig ausgeführt hat. Dadurch hilft der Angehörige – gegen seinen eigenen Wunsch – dem Zwang, sich weiter auszubreiten. Man kann das mit dem Co-Alkoholiker vergleichen, der eigentlich möchte, dass sein alkoholkranker Partner geheilt wird, der aber auf dessen inständiges Drängen und Bitten die nächste Flasche Schnaps vom Kiosk um die Ecke holt.

- Mitbetroffene fühlen sich durch die Zwänge des Betroffenen eingeengt, die geforderte »Mitarbeit im Zwang« und die zunehmende Einschränkung eigener Freiräume macht sie mitunter reizbar und schließlich auch aggressiv. Es wird für sie immer schwieriger, zwischen dem Wesen und Charakter ihres Partners und dem Zwang, der das Verhalten des Partners steuert, zu unterscheiden. Der Wunsch nach Distanz, nach »Luft zum Atmen« wächst bei vielen Mitbetroffenen im gleichen Maße wie bei den Betroffenen der Wunsch nach Mitarbeit im Zwang zunimmt. Dadurch kann eine eigentlich gute Beziehung zunehmend schlechter werden.
- Erinnern Sie sich daran, wie wir darüber geschrieben haben, dass Zwänge Miete zahlen und deswegen nicht einfach wieder verschwinden? Betroffene oder Mitbetroffene können Zwänge (meist unbewusst) als Hilfe »missbrauchen«, eigene Wünsche durchzusetzen oder Aggressionen abzureagieren. Eine andere Art von Miete von Zwängen kann auch darin bestehen, dass Zwänge von anderen bestehenden Problemen oder Konflikten innerhalb einer Paarbeziehung oder Familie ablenken. Zwänge können dann zu einem Ventil werden, über das Aggressionen abgelassen werden mit der späteren Entschuldigung, dass alles ja nur »wegen der Zwangskrankheit« geschehen ist, obwohl die Aggressionen eigentlich aus anderen Problemen in der Beziehung herrühren.

Damit diese Risiken deutlicher werden, geben wir Ihnen einige Beispiele, wie sich ein oder mehrere Zwänge in eine Paarbeziehung oder in das Familienleben »einmischen« können.

Der Zwang als Partner

Der Zwang hat mitunter auch ein gutes Gespür für eine Ehekrise (in einem langjährigen Eheleben etwas eigentlich ganz Normales), um diese für seine Zwecke zu nutzen:

Frau Witt war mit ihrem Mann und ihren beiden kleinen Kindern in den Grüngürtel der Großstadt gezogen. Sie hatten dort ein Haus mit Garten gekauft, wo die Kinder genug Spielraum und gute Luft und sie eine nette, überschaubare Nachbarschaft zu finden hofften. Der Ehemann hatte als Alleinverdiener ein gutes Einkommen, für das die Familie aber auch einen hohen Preis bezahlen musste, denn er war drei bis vier Tage in der Woche nicht zu Hause, sondern auf Dienstreisen. Bald stellte sich heraus, dass die Nachbarn nicht besonders nett und kontaktfreudig waren, im nahen Umfeld nur wenige gleichaltrige Kinder lebten und das Leben für Frau Witt zunehmend eintönig wurde. Sie begann, ihre Entscheidung für den Grüngürtel zu bereuen, und versuchte immer häufiger, mit ihrem Mann über eine Rückkehr in eine Stadtwohnung zu reden. Der Mann lehnte dies jedoch energisch ab. Das Haus sei nur mit erheblichem Verlust zu verkaufen. Im Moment könne die Familie sich dieses nicht leisten, ebenso könne er bei seinem Chef nicht deutlich weniger Dienstreisen beantragen, da dann seine Karriere bedroht sei. Die »Sachzwänge« ließen der Familie gar keine andere Wahl, als die nächsten Jahre so durchzuhalten. Da sah ein Putz- und Ordnungszwang seine Chance. Er überredete Frau

Witt, dass sie sich doch viel mehr ihrem »Hobby«, einer blitzsauberen und gut geordneten Wohnung, widmen solle. Dann würde ihre Traurigkeit über die eingetretene Lebenssituation sicher rasch abnehmen. Tatsächlich merkte sie beim verstärkten Fenster- und Fliesenputzen, beim Ordnen der Wäsche und des Porzellans, dass es ihr im Hause viel erträglicher vorkam. So nahmen diese Aktivitäten schließlich mehr und mehr Zeit in Anspruch. Immer häufiger ermahnte sie auch ihre Kinder, keinen Schmutz von draußen hereinzubringen und keine Unordnung in der Wohnung zu machen. Die Kinder beklagten sich beim Vater, wenn dieser am Wochenende nach Hause kam. Dieser warf ihr nun vor, dass sie die Kinder zu sehr einenge. Frau Witt reagierte gekränkt und bemerkte dann, dass eigentlich ihr Mann am Wochenende eine viel größere Bedrohung für ihre Sauberkeits- und Ordnungsprinzipien darstellte als die Kinder. Er verhielt sich nämlich in der Wohnung »nach Lust und Laune«, während die Kinder einigermaßen auf sie hörten. Frau Witt stellte fest, dass das Verhalten ihres Mannes am Wochenende bei ihr Angst vor Schmutz und vor Unordnung in der Wohnung auslöste. Sie freute sich immer weniger über sein Heimkommen und wurde schließlich böse darüber, dass er ihre Regeln zu Hause völlig missachtete. Nun bot der Zwang seine Hilfe an und redete ihr über Wochen und Monate immer wieder ein, dass sie ihren Mann am Wochenende viel mehr kontrollieren müsse, damit er ihre Sauberkeits- und ihre Ordnungsstandards nicht zerstöre und ihr von Montag bis Freitag keine unnötige Arbeit mache. Nach heftigen Auseinandersetzungen zwischen beiden Ehepartnern gab der Ehemann schließlich nach, so dass drei Jahre nach dem Umzug Herr Witt nur noch bestimmte Korridore in der Wohnung benutzen durfte, seinen festen Stuhl in der

Küche und seinen festen Sessel im Wohnzimmer hatte. Irgendwann entdeckte Frau Witt dann, dass sie sich heimlich geradezu darüber freute, dass ihr Mann jetzt zu Hause ihren Anordnungen folgte. Verschämt schob sie dieses Gefühl beiseite, da sie ihre Reaktion als »unfair« empfand.

Erst später in einer Therapie entdeckten sie und ihr Mann in gemeinsamen Gesprächen, dass die »Sachzwänge« im Beruf des Ehemannes die Zwänge der Ehefrau im Haushalt genährt hatten und dass die Zwänge beide auch dazu verführt hatten, sie bei den in jeder Ehe zwischenzeitlich auftretenden Spannungen zu verschärften Auseinandersetzungen zu »gebrauchen«. Die »Sachzwänge« hatten dem Ehemann geholfen, seine Meinung kompromisslos durchzusetzen, die Putz- und Ordnungszwänge hatten dann der Ehefrau geholfen, zumindest im häuslichen Bereich ihre Macht zu demonstrieren. Den Zwängen ging es auf diese Weise hervorragend, beiden Ehepartnern und den Kindern jedoch immer schlechter. Erst in der Therapie konnten sie entdecken, wie sich die Zwänge erst als Helfer angeboten und dann als Herrscher entwickelt hatten.

Der Zwang als Alleinherrscher

Der Zwang spielt sich auch gerne als Retter der Familie auf – und holt sich als Belohnung die absolute Herrschaft. Ein trauriges Beispiel dafür ist Familie Kern:

Die Tochter von Familie Kern entwickelte rasch Reinigungs-, Kontroll- und Ernährungszwänge, als sie gerade am Beginn ihrer Pubertät war. Zu diesem Zeitpunkt zeichnete sich ab, dass die Mutter zu einem Nachbarn im Hause ziehen würde, in den sie sich heftig verliebt hatte. Der Vater war darüber sehr traurig, sah aber keine Chance mehr, seine Frau zu halten. Die Zwänge der Tochter führten dann aber dazu, dass die Mutter die Beziehung zu dem Nachbarn aufkündigte und die Familie zusammenblieb. Nach anfänglichen Vorwürfen des Vaters gegen die Mutter entwickelte sich eine enge Zusammenarbeit der Eltern, um der immer kränker werdenden Tochter zu helfen. Sie nahmen ihr mehr und mehr Kontroll- und Waschzwänge ab, und der Vater war täglich Stunden unterwegs, um die seltenen Nahrungsmittel zu finden, die alleine die Tochter noch zu essen bereit war. Schließlich hatte der Zwang der Tochter geholfen, ihre Eltern von ihren Problemen abzulenken, indem sie diese mit den Zwängen beschäftigte. Sie selbst übte kaum noch Zwänge aus, sondern gab den Eltern diesbezügliche Anweisungen und kontrollierte oftmals – auf ihrem Sessel sitzend –, durch die geöffneten Türen, ob ihre Eltern die Zwänge auch richtig ausführten. Die Tochter ging immer seltener und schließlich überhaupt nicht mehr in die Schule und beschäftigte die nicht berufstätige Mutter mit der Ausübung ihrer Zwänge so lange, bis der Vater von der Arbeit nach Hause kam und der Mutter dann half, ihren Wünschen nachzukommen. Die Kontakte der Tochter zu Gleichaltrigen brachen völlig ab. Alle in der Familie wurden irgendwie unglücklich, nur der Zwang blühte auf und verfestigte seine Herrscherstellung von Monat zu Monat. In dieser Familie verteidigte der Zwang seine Herrschaft gegen mehrere intensive Therapieversuche der Tochter und beider Elternteile. Diese brachten jeweils nur kurzfristigen Erfolg, auch nach Rückkehr der Tochter in die Familie aus stationärer Behandlung entwickelten sich wieder die alten Zwangsmuster. Alle Beteiligten waren immer nur so lange in der Lage, den Empfehlungen der Therapeuten zu folgen, wie sie im ständigen Kontakt mit den Therapeuten waren. Kaum war dieses nicht mehr der Fall, »zog der Zwang alle seine Register« und übernahm die Kontrolle wieder. Die Therapeuten hatten viele Vermutungen, warum es nicht gelang, dieser Familie zu helfen, während anderen in zumindest äußerlich ähnlicher Situation gut geholfen werden konnte.

Mal ehrlich, wenn Sie so ein kleines Königreich hätten, würden Sie da ausziehen? Wahrscheinlich nicht, oder? Der Zwang dachte jedenfalls nicht daran, dazu hatte er es viel zu gut.

Der Zwang als »Retter wider Willen«

Ein anderer Zwang wollte sich auch ein kleines Königreich aufbauen. Dazu suchte er sich die Familie Fischer aus. Hier ging jedoch die Rechnung nicht auf, der Zwang wurde ein »Retter wider Willen«, wie das Beispiel zeigt: Die 9-jährige Tochter der Familie Fischer entwickelte innerhalb eines halben Jahres sehr heftige »magische« Rituale sowohl innerhalb der Wohnung als auch draußen bei Spaziergängen mit den Eltern. Bestimmte Handlungen mussten 3 × 3-mal wiederholt werden; beim Gehen auf dem Bürgersteig mussten Fugen zwischen den einzelnen Platten in einer bestimmten Art und Weise umgangen und umhüpft werden; Versuche der Eltern einzugreifen, führten immer seltener zum Erfolg. Die in der Schule vorher eher lebhafte und leistungsfähige Tochter brach die Kontakte zu den Gleichaltrigen fast völlig ab, ging schließlich nach immer schlechteren Noten kaum noch zur Schule, so dass die Eltern mit ihr einen Therapeuten aufsuchten. In einem sehr frühen Gespräch nur mit den Eltern konnte der Ehemann zum ersten Mal seiner Frau sagen, dass er mit der Ehe total unzufrieden sei und am liebsten eine Trennung wolle. Für die Ehefrau brach in diesem Gespräch eine Welt zusammen. Nach einiger Zeit konnten dann aber beide in einem Dialog im Beisein des Therapeuten herausfinden, dass sich die früher sehr gute Ehe seit über einem Jahr immer stärker verschlechtert hatte. Während früher die Familie – das Mädchen hatte noch einen drei Jahre älteren Bruder – viel gemeinsam unternommen und mindestens zwei Mahlzeiten am Tag gemeinsam eingenommen hatte, waren diese Aktivitäten weitestgehend eingeschlafen. Die Tochter hatte wahrgenommen, dass Mutter und Vater kaum noch miteinander oder mit den Kindern lachten und sich immer mehr aus dem Wege gingen. Eine Erklärung dafür hatte die Tochter nicht. Da sie aber sehr an ihrem Vater hing, verunsicherte sie das immer stillere Verhalten des Vaters hochgradig und hier sah nun ein sozusagen vorbeikommender Zwang mit magischen Anteilen seine große Chance, in die Familie einzudringen. Wann immer die Tochter ihre zeitaufwendigen Rituale ausübte, sagte ihr der Zwang: Wenn du es 3×3-mal tust, dann wirst du dich besser fühlen – und diese Ratschläge kamen immer häufiger. Anfänglich trat auch jeweils kurzfristig eine Besserung ein. Eine weitere Hilfestellung, die der Zwang der Tochter gab, lag darin, dass die Eltern sich sehr intensiv um sie kümmern mussten – was sie im letzten Jahr aufgrund des eigenen Auseinanderlebens kaum noch getan hatten; die immer weniger werdenden gemeinsamen Ausflüge wurden immer stiller, die Eltern immer mehr in sich gekehrt. Jetzt mussten beide Eltern ihr gemeinsam helfen, aus einer lang hingezogenen Kette von Zwangshandlungen wieder herauszukommen. Mit Genugtuung beobachtete der Zwang, dass er auch immer mehr Kontrolle über die Eltern erhielt. Dann geschah das für den Zwang Unerwartete: Nach mehreren

Tagen intensiven Bemühens um die Tochter sprachen Mutter und Vater seit langem wieder einmal sehr ausführlich miteinander – über das Leiden der Tochter, das ihnen beiden sehr zu Herzen ging. Sie wurden sich in dieser Situation schnell einig, Hilfe zu suchen. Diese führte dazu, dass die Eltern sich in einem ersten Schritt mit Hilfe einer Paartherapie wieder in die Lage versetzten, der Tochter und dem Sohn wie gewohnt gute und liebevolle Eltern zu sein, und in einem zweiten Schritt lernten, ihr Beziehungsproblem zu lösen. Sie trennten sich im guten Einvernehmen, behielten aber das gemeinsame Sorgerecht. Die Tochter legte bereits kurz nach Beginn der Therapie der Eltern, ganz ohne eigene Therapie, alle Zwänge ab und nahm ihr vorheriges Leben wieder auf. Die Ehescheidung der Eltern führte zu keinerlei Rückfall, da ihr beide Eltern voll erhalten blieben. Ein wütender Zwang fragte sich, was er wohl falsch gemacht hatte, dass er so rasch wieder aus der Familie ausziehen musste. Er stellte rückblickend fest, dass er der Tochter anfangs geholfen hatte, ihre beginnenden dumpfen Ängste zu reduzieren, auch das Interesse der Eltern auf sich zu lenken – aber er hatte, ohne es selber zu bemerken, das Ausmaß der Liebe beider Eltern zu ihrer Tochter sichtbar gemacht. Die Eltern hatten sich daraufhin der Tochter zuliebe zu gemeinsamem Handeln und gemeinsamer Therapiesuche entschieden. Der Zwang hatte – zu seiner eigenen maßlosen Verärgerung – bewirkt, dass die Eltern ihr eigenes Problem voreinander offen legten und erfolgreich bearbeiteten.

Die Beispiele zeigen, dass nicht nur Betroffene, sondern auch Angehörige, Partner, Verwandte, Freunde durch die Zwangserkrankung ziemlich stark eingeschränkt und belastet sein können. Die Beispiele zeigen auch, was für Tyrannen Zwänge werden können. Je länger der Zwang sich im Haus eingerichtet hat und je mehr »Untertanen« er neben dem Betroffenen hat, desto schwerer ist es, ihn ohne Hilfe wieder zum Auszug zu bewegen. Das heißt, je früher Sie sich gegen den Zwang wehren, umso besser. Wenn Sie merken, dass Sie anfangen, auch Ihre Familie und Ihre Freunde für den Zwang einzuspannen, beteiligen Sie sie bei der Zwangsvertreibung.

4.2 Wie Sie Ihre Schutzbausteine »Familie« und »Freunde« aktivieren können

Nach dem Lesen dieses Buches können Sie Ihre Zwangserkrankung sicher besser verstehen. Sie wissen nun auch, dass es sich um eine Krankheit handelt, nicht um eine Art »Willensschwäche«, die man mit mehr »Zusammenreißen« lösen kann. Eine Krankheit, gegen die man aber auch etwas unternehmen kann.

Sie können, so möchten wir Ihnen empfehlen, diesen Ratgeber zur Information über die Erkrankung und das empfohlene Selbsthilfeprogramm Ihrem Partner oder einer guten Freundin zum Durchlesen geben. Anschließend setzen Sie sich am besten gemeinsam hin und besprechen miteinander, wie der Zwang Sie jeweils beschäftigt, warum Sie seinen Ratschlägen folgen und was Sie sich für die Zukunft wünschen. Denken Sie daran, möglichst konkrete und positive Ziele zu setzen. Sprechen Sie dann darüber, wie Sie sich gemeinsam gegen den Zwang verbünden können. Machen Sie einen Plan, was die Mitbetroffenen tun können, um Sie in Ihrer Arbeit gegen den Zwang zu unterstützen.

Noch ein paar Worte direkt an die Mitbetroffenen:

Wie soll ich mich verhalten? Wie kann ich den Betroffenen unterstützen? Was kann ich tun, um es dem Zwang ungemütlich zu machen? Allgemein gesprochen: den Zwang nicht mehr bedienen, nicht mehr auf ihn hören, nicht mehr machen, was er (oder sein Sprachrohr, der Betroffene) verlangt. Sie haben sicher schon Ideen, was das auf Ihren Haushalt übertragen bedeutet. Für den Betroffenen ist das natürlich erst mal ungewohnt, vielleicht hat er auch Angst, von Ihnen im Stich gelassen zu werden. Am besten setzen Sie sich gemeinsam hin und sprechen Sie miteinander, dass Sie beide verstehen, warum es auf Dauer nicht hilft, wenn Mitbetroffene sich in die Zwangsrituale einbinden lassen. Sprechen Sie dann darüber, wie Sie sich gemeinsam gegen den Zwang verbünden können. Machen Sie einen Plan, was die Mitbetroffenen tun können, um den Betroffenen in seiner Arbeit gegen den Zwang unterstützen zu können.

Noch ein Wort zu den Übungen: Sie als Mitbetroffener können die Übungen des Betroffenen fördern, statt Zwänge für ihn als gut gemeinte Hilfestellung im Alltagsleben zu erledigen. Einige Vorschläge dazu, wie Sie die Eigenständigkeit des Betroffenen fördern können und gleichzeitig seine den Zwängen zugrunde liegende Angst ernst nehmen, finden Sie in der nachfolgenden Auflistung.

Hilfestellung durch Angehörige für Betroffene

- Motivieren Sie Ihren Angehörigen, Situationen, die Zwänge auslösen, aufzusuchen und sich langsam von weniger belastenden zu stärker belastenden Situationen ›vorzuarbeiten‹.
- Versuchen Sie, ihn vor dem Üben zu ermutigen.
- Geben Sie Anerkennung für jede Bemühung, den Zwang zu überwinden.
- Planen Sie nach dem Üben gemeinsame belohnende Aktivitäten.
- Ermutigen Sie ihn, bei Übungen die Zwang auslösende Situation erst dann wieder zu verlassen, wenn ohne Zwangshandlung ein Abfall der unangenehmen Empfindungen deutlich erlebt wird.
- Wenn eine Übung einmal nicht gelingt, helfen Sie mit, dass dieses nicht als Niederlage, sondern als Herausforderung gesehen wird, so bald wie möglich diese Übungen zu wiederholen.
- Setzen Sie Ihren Partner aber nie unter Druck, die Übungen durchzuführen, sondern belassen Sie unbedingt die Entscheidung bei ihm.

Durch die Umsetzung dieser Anregungen wirken Sie unterstützend in eine die Zwänge reduzierende statt sie zu fördernde Richtung. Sie selbst erhalten wieder mehr »Luft zum Atmen«, werden vermutlich weniger gereizt und fördern ein Wiedererlangen Ihrer früheren guten Beziehung. Sollten Sie bereits in für Sie beide problematischem Ausmaß in die Helferrolle (»Co-Zwängler«) verstrickt sein, dann sollten Sie diese Rolle in gemeinsamer Absprache nur schrittweise reduzieren, um keinen zusätzlichen Konflikt zu provozieren. Vor allem, wenn massive Probleme und Konflikte innerhalb von Partnerschaft oder Familie bestehen, sollten Sie sich am besten erst einmal gemeinsam in einem Gespräch mit einem Verhaltenstherapeuten hinsichtlich der Frage beraten lassen, wer von Ihnen jetzt zu welchen Veränderungen im Bereich der Zwangssymptomatik wie in anderen Problembereichen bereit ist, bereit sein kann oder zu motivieren ist.

Noch etwas Wichtiges für Mitbetroffene!

Achten Sie darauf, dass Sie für sich selbst sorgen. Jeder Mensch braucht Hobbys, schöne Unternehmungen oder andere Dinge, die ihm gut tun, damit er Kräfte sammeln kann für die anstrengenden Dinge im Leben. Und für Mitbetroffene kann das ganz besonders gelten. Es ist wie beim Auto: Ein Auto kann nicht immer nur fahren, es muss auch mal auftanken, sonst bleibt es irgendwann stehen. Sorgen Sie für Ihren »Tank«, dass nicht immer nur Energie herausgeht, sondern auch genügend Energie hineinkommt. Sehr wichtig kann auch die Unterstützung durch andere Menschen sein, Freunde oder andere Mitbetroffene. Und wenn Sie merken, dass das alles nicht ausreicht, fassen Sie die Möglichkeit ins Auge, sich professionelle Hilfe zu suchen.

Informationen über Unterstützungsmöglichkeiten für Mitbetroffene bekommen Sie über die Deutsche Gesellschaft Zwangserkrankungen. Am Ende des Buches finden Sie auch Informationen über weitere Literatur zu diesem Thema.

5.1 Deutsche Gesellschaft Zwangserkrankungen

Die Deutsche Gesellschaft Zwangserkrankungen ist ein gemeinnütziger Verein, der Menschen mit einer Zwangserkrankung und deren Angehörigen Hilfe zur Selbsthilfe und Hilfe zum Leben mit der Erkrankung vermitteln möchte. Unter anderem werden folgende Hilfen angeboten:

- Homepage im Internet mit Diskussionsforum
- Sorgentelefon
- Telefonnetzwerk für Betroffene und Angehörige
- Vermittlung zu Selbsthilfegruppen
- Hilfe und Beratung beim Aufbau von Selbsthilfegruppen
- Ratgeberbroschüren und Informationsmaterial
- Psychologisch-medizinische Fachinformationen
- Telefonische Hinweise auf qualifizierte Therapeuten und Fachkliniken

Die Adresse lautet:
Deutsche Gesellschaft Zwangserkrankungen e. V.
Postfach 1545
49005 Osnabrück
Tel. (0541) 3 57 44-33
E-Mail: zwang@t-online.de
Internet: www.zwaenge.de/DGZ

5.2 Brainy – Unterstützung durch den Computer

Wenn Sie sich Unterstützung bei den Übungen wünschen und einen Computer haben, so könnte das Anti-Zwangs-Training am Computer mit Brainy als Therapeut eine gute Ergänzung für Ihren Therapieplan sein. Das Anti-Zwangs-Training bietet Unterstützung bei den Übungen gegen Zwangsgedanken und Zwangshandlungen.

Nähere Informationen bekommen Sie entweder über die Deutsche Gesellschaft Zwangserkrankungen oder Sie bestellen sich das Anti-Zwangs-Training in Ihrer Buchhandlung (s. Literaturhinweise am Ende des Buches).

5.3 Selbsthilfegruppen

In Selbsthilfegruppen schließen sich Betroffene zusammen, um sich gegenseitig zu unterstützen im Umgang mit der Erkrankung. Viele Betroffene sagen, dass es ihnen sehr geholfen hätte, mit anderen Betroffenen über die Erkrankung zu reden und Tipps auszutauschen. Ganz wichtig ist die Erfahrung, dass man nicht allein dasteht, sondern dass es andere Menschen gibt, die ähnliche Sorgen und Nöte, aber auch Erfolge in der Arbeit gegen die Zwangserkrankung erlebt haben.

Wenn Sie Informationen über eine Selbsthilfegruppe in Ihrer Nähe suchen oder selbst eine Selbsthilfegruppe ins Leben rufen wollen, so wenden Sie sich am besten an die Deutsche Gesellschaft Zwangserkrankungen e.V. (s. Adressen).

Die wirksamste Therapieform bei Zwangserkrankungen ist nach den Ergebnissen der Forschung die Verhaltenstherapie. Viele Menschen konnten durch eine Verhaltenstherapie erreichen, dass sie weniger oder sogar gar keine Zwänge mehr hatten und sich insgesamt ihr Leben deutlich verbessert hat. Die Verhaltenstherapie hat zwei Ansatzpunkte:

- Arbeit an den Zwangssymptomen: Dabei lernen Sie Methoden, wie Sie Ihre Zwangssymptome direkt bekämpfen (wie in Kapitel 3 beschrieben).
- Arbeit an der eigenen Person und der Lebenssituation: Wie Sie in Kapitel 2 gelesen haben, braucht ein Zwang Bedingungen, in denen er sich einnisten und ausbreiten kann. Wenn diese Bedingungen sich ändern, kann ein Zwang leichter wieder verschwinden.

Andere Therapieformen konzentrieren sich eher auf den zweiten Punkt, die Arbeit am »Drumherum«. Nach unseren Erfahrungen verschwinden aber die Zwänge nicht unbedingt von allein, wenn man nur an der eigenen Lebenssituation ansetzt. Das gilt vor allem dann, wenn jemand schon länger an einer Zwangserkrankung leidet. Meistens ist es dann besonders wichtig, auch Techniken zu lernen, wie man mit den Zwängen selbst umgeht.

Eine Verhaltenstherapie kann man ambulant machen. Zuerst haben Sie fünf Sitzungen (so genannte probatorische Sitzungen), in denen Ihr Therapeut Sie viel fragen wird, um Sie und Ihre Beschwerden und die Zusammenhänge gut kennen zu lernen. Diese Zeit dient aber auch dazu, dass Sie den Therapeuten und seine Arbeitsweise besser kennen lernen und Vertrauen aufbauen können. Am Ende der probatorischen Sitzungen müssen

Sie beide entscheiden, ob Sie miteinander arbeiten können und wollen. Wichtig ist, dass die »Chemie stimmt«. Dann beginnt die eigentliche Therapie. In der Regel besteht die Therapie aus der Arbeit an den Zwangssymptomen und aus der Bearbeitung gegenwärtiger Belastungen im täglichen Leben. Aber es wird immer auch geklärt, ob aus Kindheit und Jugend oder späteren Lebensabschnitten Erlebnisse noch nicht verarbeitet sind. Im Normalfall findet die Verhaltenstherapie einmal die Woche statt, eine Therapiestunde dauert 50 Minuten. Wenn Übungen zusammen mit dem Therapeuten gemacht werden, dann können diese aber auch über mehrere Stunden gehen. Krankenkassen übernehmen bis zu 80 Stunden einer Verhaltenstherapie. Nach 45 und nach 60 Therapiestunden klären der Betroffene und der Therapeut gemeinsam, ob ein Verlängerungsantrag gestellt wird. Oft vergehen in einem späteren Stadium der Therapie zwei bis vier Wochen zwischen den einzelnen Sitzungen, so dass eine therapeutische Unterstützung bei Bedarf also über mehrere Jahre zur Verfügung stehen kann.

Sie können eine Verhaltenstherapie auch tagesklinisch oder stationär machen. Das hängt davon ab, wie schwer Ihre Zwangserkrankung ist, ob Sie noch andere Erkrankungen haben und wie viel Unterstützung Sie insgesamt benötigen.

Man kann eine Psychotherapie auch mit einer Behandlung mit Medikamenten kombinieren (s. Kap. 5.5).

Wenn Sie sich überlegen, eine Verhaltenstherapie zu machen, dann kann Ihnen die Deutsche Gesellschaft Zwangserkrankungen (s. Adressen) mit Informationen weiterhelfen. Sie hat eine Liste zusammengestellt mit Adressen von Kliniken und Praxen, die sich in der Behandlung von Zwangserkrankungen gut auskennen.

Wenn Sie sich überlegen, ob Sie überhaupt eine Psychotherapie machen wollen und, wenn ja, welche, dann finden Sie nützliche Tipps und Informationen in dem Buch »Wegbegleiter Psychotherapie« (siehe Literaturverzeichnis). Dieses Buch hilft bei der Therapeutensuche, informiert über verschiedene Therapieformen und begleitet Sie durch die Therapie.

5.5 Medikamentöse Behandlung

In der Behandlung von Zwangserkrankungen haben sich bestimmte Medikamente als hilfreich erwiesen. Diese Medikamente beeinflussen den Gehirnstoffwechsel. Allgemein kann man sagen, dass im Gehirn verschiedene Botenstoffe wirken. Die Botenstoffe werden von Nervenzellen ausgeschüttet, übermitteln ihre Nachrichten an die nächsten Zellen und werden wieder von den Zellen aufgenommen. Einer dieser Botenstoffe heißt Serotonin. Die Medikamente gegen Zwänge bewirken, dass das Serotonin nicht so schnell wieder aufgenommen wird und daher länger wirken kann. Sie heißen dementsprechend selektive Serotonin-Wiederaufnahme-Hemmer (abgekürzt SSRI). Selektiv bedeutet, dass diese Medikamente fast ausschließlich die Wiederaufnahme des Botenstoffes Serotonin hemmen. Jedes dieser Medikamente hat einen bestimmten Wirkstoff: Fluoxetin, Fluvoxamin, Paroxetin, Escitalopram und Sertralin. Je nach Hersteller werden die verschiedenen Wirkstoffe mit unterschiedlichen Handelsnamen in der Apotheke verkauft, z. B. Cipralex, Fevarin, Fluctin, Seroxat oder Zoloft.

Außerdem ist der Wirkstoff Clomipramin hilfreich (in der Apotheke können Sie dieses Medikament unter dem Namen Anafranil, kaufen). Es hemmt wie die anderen die Wiederaufnahme des Botenstoffes Serotonin, aber auch die Wiederaufnahme eines zweiten Botenstoffes, des Noradrenalins. Hier spricht man auch von einem Serotonin-Wiederaufnahme-Hemmer (SRI), weil er sich aber nicht auf einen Botenstoff konzentriert, sondern auf zwei, fehlt das »S« für selektiv. Alle diese Medikamente sind verschreibungspflichtig. Von mehreren Medikamenten gibt es preisgünstige Varianten im Handel, da der Patentschutz abgelaufen ist. Ihr Arzt kann Ihnen dazu nähere Informationen geben.

Ungefähr zwei Drittel der Patienten, die Medikamente gegen Zwänge einnehmen, berichten, dass ihre Zwänge deutlich weniger werden. Ganz weg gehen sie leider selten. Und es dauert längere Zeit, bis die Wirkung eintritt, vier bis acht Wochen im Durchschnitt, manchmal auch bis zu zwölf Wochen. Deswegen muss man, wenn man sich für die Einnahme entschieden hat, die Medikamente auch regelmäßig nehmen, nicht nur bei Bedarf. Erst dann können sie ihre gewünschte Wirkung entfalten.

Neben der gewünschten Wirkung können auch Nebenwirkungen auftreten. Die häufigsten sind innere Unruhe, Kopfschmerzen, Schlafstörungen, Übelkeit oder Durchfall und sexuelle Störungen. Während die gewünschte Wirkung auf die Zwänge frühestens nach vier Wochen eintritt, treten die Nebenwirkungen oft schon in den ersten Tagen auf. Meistens gehen die Nebenwirkungen nach ein bis zwei Wochen wieder weg, nur die sexuellen Funktionsstörungen bleiben häufig länger bestehen und lassen erst nach, wenn man das Medikament reduziert oder absetzt. Die Wahrscheinlichkeit des Auftretens solcher Nebenwirkungen und ihre Intensität können deutlich verringert werden, wenn die Anfangsdosis sehr niedrig gehalten und dann nach Verträglichkeit gesteigert wird.

Medikamente können den Widerstand gegen den Zwang unterstützen, aber sie können ihn in der Regel nicht alleine vertreiben. Ohne begleitende Verhaltenstherapie tritt bei über 80 % der Zwangserkrankten nach Absetzen der Medikamente ein Rückfall ein.

Wenn Sie wissen möchten, ob es für Sie sinnvoll ist, Medikamente gegen Zwänge einzunehmen, so sind Ihr Hausarzt oder ein Psychiater die richtigen Ansprechpartner. Klären Sie aber vorher, ob er Erfahrungen mit der medikamentösen Behandlung von Zwangsstörungen hat oder ob er Sie lieber an einen Spezialisten überweisen möchte. Diese können Sie beraten, welches Medikament für Sie das geeignetste ist und wie viel Sie von diesem Medikament einnehmen müssen. Lassen Sie sich auch gut über mögliche Nebenwirkungen informieren. Gemeinsam können Sie dann überlegen, ob und, wenn ja, welches Medikament für Sie empfehlenswert ist. Meistens ist es besser, die Medikamente mit einer Verhaltenstherapie zu kombinieren. Dann sind die Erfolgschancen höher. Wenn Sie von Ihrer Verhaltenstherapie profitieren, können Sie die Medikamente schrittweise absetzen. Wenn Zwänge dann wieder zunehmen, so können Sie verhaltenstherapeutisch gegensteuern. Wenn Sie die Möglichkeit zu einer intensiven Verhaltenstherapie haben und nicht zusätzlich unter stärkeren Depressionen leiden, sollten Sie mit Ihrem Verhaltenstherapeuten klären, ob Sie eine medikamentöse Therapie überhaupt benötigen.

Liebe Leserin, lieber Leser,
nach dem Lesen dieses Buches sind Sie nun selbst zum Experten für Ihre Zwangserkrankung und Ihre Selbsttherapie geworden. Uns bleibt zum Schluss nur noch, Ihnen Entschlossenheit und Durchhaltevermögen für den Abbau Ihrer Zwänge – ob nun allein oder mit Unterstützung durch andere – zu wünschen. Die Therapie ist nicht immer einfach, zum Teil sogar ziemlich anstrengend und belastend. Auf der anderen Seite lohnt es sich.

Wenn Sie Herrn Freitag bei Fahrradtouren mit Freunden treffen und ihn fragen, wie es ihm denn weiter ergangen ist, kann er Ihnen erzählen, dass er große Fortschritte machte bis der Zwang nur noch ein Zimmer bewohnte. An diesem letzten Zimmer hielt der Zwang allerdings hartnäckig fest, obwohl Herr Freitag sehr ausdauernd seine Übungen fortsetzte. Als er merkte, dass er allein nicht mehr weiterkam, beschloss er, sich therapeutische Unterstützung zu suchen. Seit einigen Wochen macht er eine Verhaltenstherapie. Er hat schon einige Übungen gemeinsam mit seinem Verhaltenstherapeuten durchgeführt und neue Zuversicht gewonnen.

Neulich konnte man Frau Clemens und ihren Mann sehen, wie sie im Park spazieren gingen. Frau Clemens sah wesentlich entspannter und zufriedener aus als noch vor einiger Zeit. Auf die Frage, ob sich die Mühe der Selbsttherapie denn gelohnt habe, antwortete sie: »Ich bin so froh, dass ich die Übungen so gut durchgehalten habe. Der Zwang ist schon fast ausgezogen, und mir geht es sehr viel besser!«

Beide, Herr Freitag und Frau Clemens, haben also sehr viel für sich erreicht und sind sehr glücklich darüber. Ihr Leben ist schöner geworden, seit der Zwang nicht mehr alles dominiert. Und beide sagen, dass sie nun mehr Zeit für die schönen Dinge des Lebens haben, wie zum Beispiel spazieren gehen oder Fahrrad fahren, allein oder mit Freunden. Wenn Sie den beiden begegnen, können Sie sich selbst davon überzeugen.

Adressen

Bundesrepublik Deutschland

Deutsche Gesellschaft Zwangserkrankungen e.V.
Postfach 702334, 22023 Hamburg
Telefon: 040 68 91 37 00
E-Mail: zwang@t-online.de, Internet: www.zwaenge.de

Österreich

In Österreich gibt es keine entsprechende Gesellschaft, nur das unten stehende Internetportal www.zwaenge.at mit einigen Hinweisen auf regionale Selbsthilfegruppen.

Schweiz

Schweizerische Gesellschaft für Zwangsstörungen
Alte Landstrasse 70–84, 8802 Kilchberg
Telefon: 044 716 42 44
E-Mail: kontakt@zwaenge.ch
Internet: www.zwaenge.ch

Online-Foren für Betroffene und Angehörige

www.zwaenge.de
www.zwangserkrankungen.de
www.zwaenge.at
www.zwang.ch

Erfahrungsberichte

Beckmann, S. (2008): Ich besiegte meinen Waschzwang. Innenansicht einer Therapie. Zwangshandlungen. Erkennen, verstehen und überwinden. Düsseldorf: Patmos Verlag.

Ulrike S.; Crombach, G., Reinecker, H. (2003): Der Weg aus der Zwangserkrankung. Bericht einer Betroffenen für ihre Leidensgefährten. Göttingen: Vandenhoeck & Ruprecht.

Ulrike S.; Crombach, G., Reinecker, H. (2002): Hilfreiche Briefe an Zwangskranke. Göttingen: Vandenhoeck & Ruprecht.

Selbsthilfeliteratur

Reinecker, H. (2006): Ratgeber Zwangsstörungen. Informationen für Betroffene und Angehörige. Göttingen: Hogrefe.

Schwarz, J. M.; Beyette, Beverly (2000): Zwangshandlungen und wie man sich davon befreit. Frankfurt am Main: Fischer.

Ulrike S.; Reinecker, H. (2006): ABC für Zwangserkrankte. Tipps einer ehemals Betroffenen. Göttingen: Vandenhoeck & Ruprecht.

Wölk, C. (2007): Talk to him. Ein interaktives Programm zur Selbsthilfe bei Zwangsstörungen. Die Übungs-CD zum Buch »Zwangsstörungen verstehen und bewältigen«. Bonn: BALANCE buch + medien verlag.

Wölk, C.; Seebeck, A. (2003): Brainy, das Anti-Zwangs-Training. Ein computergestütztes Übungsprogramm zur Überwindung von Zwangshandlungen und Zwangsgedanken. Lengerich: Pabst.

Bücher für Mitbetroffene und Angehörige

Rufer, M.; Fricke, S. (2008): Der Zwang in meiner Nähe. Rat und Hilfe für Angehörige zwangserkrankter Menschen. Göttingen: Hogrefe.

Medikamente

Greve, N.; Osterfeld, M.; Diekmann, B. (2008): Umgang mit Psychopharmaka. Ein Patienten-Ratgeber. Bonn: BALANCE buch + medien verlag.

Psychotherapie

Piontek, R. (2009): Mut zur Veränderung. Methoden und Möglichkeiten der Psychotherapie. Bonn: BALANCE buch + medien verlag.

Umgang mit Psychopharmaka
Ein Ratgeber für Patienten
Nils Greve, Margret Osterfeld,
Barbara Diekmann
BALANCE ratgeber
ISBN 978-3-86739-002-6
240 Seiten

Niemand nimmt gern Medikamente, doch bei psychischen Erkrankungen sind sie in vielen Fällen unverzichtbarer Bestandteil der heute möglichen Hilfen. Medikamente sind jedoch keine Allheilmittel, sie entfalten ihre Wirkung erst zusammen mit anderen Therapieverfahren, so die Meinung des Autorenteams.
In ihrem Ratgeber stellen sie alle derzeit auf dem deutschen Markt befindlichen Psychopharmaka mit den Wirkungen und Nebenwirkungen vor. Sie geben praktische und konkrete Tipps u. a. für das Verhalten bei Schlafstörungen, die Einnahme von Bedarfsmedikation oder das Reduzieren und Absetzen von Medikamenten. Die Patienten werden ermutigt, ihre Wünsche und Ziele in das Gespräch mit dem Arzt einzubringen und mit ihm gemeinsam zu »verhandeln«, welche Behandlung der beste Weg ist.
Die Stiftung Gesundheit bewertete das Buch »als einen sehr informativen, leicht verständlichen und optimal aufgeteilten Ratgeber. Es ist den Autoren gelungen, ein Werk zusammenzustellen, welches einer unkritischen Ablehnung von Psychopharmaka durch Patienten vorbeugt, aber auch vor den Gefahren einer unkritischen Einnahme warnt.«

Mut zur Veränderung

Methoden und Möglichkeiten der Psychotherapie

Rosemarie Piontek

BALANCE zur Sache

ISBN 978-3-86739-038-5

240 Seiten

Mut zur Veränderung, das klingt gut, aber: Wer sich entschlossen hat, die Veränderung zu wagen, steht vor der Frage: Welche Psychotherapie ist für mich die richtige? Das Angebot ist unüberschaubar.
Dieses Buch ist eine Entscheidungshilfe für Menschen, die Probleme bei der Bewältigung des Alltags haben und Hilfe suchen, für Menschen mit diagnostizierten psychischen Erkrankungen, für Therapiesuchende und -interessierte.
Rosemarie Piontek hat einen Wegweiser verfasst, der sich an den Fragen und Bedürfnissen von Klientinnen und Klienten orientiert, die ihr aus der jahrelangen Arbeit in ihrer psychotherapeutischen Praxis vertraut sind. Ausführlich beschreibt sie die verschiedenen Psychotherapieformen und benennt Kriterien, die bei der Beantwortung folgender Fragen helfen:
– ob eine Therapie sinnvoll ist,
– welche Therapie in Frage kommt,
– wie man die richtige Therapeutin, den richtigen Therapeuten findet.
Zahlreiche Beispiele veranschaulichen, was Psychotherapie leistet und was Klientinnen und Klienten erwarten dürfen.

Talk to him

Ein interaktives Programm zur Selbsthilfe bei Zwangsstörungen

Die Übungs-CD von Christoph Wölk zum Buch

»Zwangsstörungen verstehen und bewältigen«

BALANCE buch + medien verlag

ISBN 978-3-86739-028-6

Dieses interaktive PC-Programm wird Ihnen dabei helfen, Ihre Zwangserkrankung zu überwinden. Der Weg zu diesem Ziel besteht darin, dass Sie es sich zur Gewohnheit machen, öfter mal ein Gespräch mit Ihrem Zwang zu führen. Auf diese Weise werden Sie ihm mit der Zeit alle seine Tricks entlocken, mit denen er versucht, Ihnen das Leben schwer zu machen.

»Jetzt, wo ich mir den Zwang als ›Person‹ vorstelle, kann ich ihm auch mal meine Meinung sagen. Zudem habe ich durch ständiges Üben erkannt, wie und wann der Zwang es anstellt, mir das Leben so richtig zu ›versalzen‹. Ich fühle mich ihm nicht mehr so ausgeliefert und kann mir schon durch dort gestellte Fragen im Vorneherein Gedanken machen, wie und mit welchen Mitteln ich dem Zwang das ›nächste Mal‹ Paroli biete. Das ist ein echt tolles Gefühl und hat mein Selbstbewusstsein enorm gestärkt.

Ich kann ›Talk to him‹ nur empfehlen, probiert es einfach aus! Denn: Schlimmer kann es dadurch mit dem Zwang nicht werden, nur besser!«

Eine Betroffene

BALANCE **buch + medien verlag**

www.balance-verlag.de • info@balance-verlag.de